AF545686

AJA DEVI

Das Praxisbuch für moderne Hexen

Email: info@edition-lunerion.de
www.edition-lunerion.de

Psiana eCom UG
Berumer Str. 44
26844 Jemgum

INHALT

Auf der Suche nach einer spirituellen Heimat

Ein Leben zwischen Glas, Beton und Asphalt, ein Alltag voll Technologie, Stress, Arbeit und Geld, eine Kirche, die sich vor allem durch Skandale und starre Gestrigkeit auszeichnet: Der westliche Mensch des 21. Jahrhunderts ist oft so unendlich weit von Spiritualität und Natur entfernt, dass man sich kaum vorstellen kann, dass er dorthin wieder zurückfinden könnte. Und die meisten Menschen haben dagegen zunächst auch gar nichts einzuwenden, ganz im Gegenteil. Sie haben sich prächtig eingerichtet in einer Welt, in der Physik, Biologie und IT ihnen das Leben und seine Zusammenhänge nicht nur erklären, sondern auch herrlich angenehm machen. Die Netflix-Serie am Abend, das rasche Antippen eines Touchscreens, um Stille und Einsamkeit durch ein wenig Musik zu vertreiben, die fertige Quinoa-Bowl aus dem Kühlschrank in die Mikrowelle, abends noch schnell im Fitnessstudio etwas für den Körper tun – in der Welt der Künstlichkeiten fühlen die meisten Menschen sich sicher und wohl. Und so, wie im Laptop alles den klaren Regeln der Naturwissenschaften folgt, so betrachten sie auch den Rest des Lebens, nämlich nüchtern, rational und faktenbasiert. Religion? Diese hat ihre Bedeutung als Sinnstifter längst verloren und wird meist als eine Art veraltete Folkloreveranstaltung betrachtet, die vom Göttlichen so weit entfernt ist wie der Stadtmensch von der Natur.

Und doch: Ganz so einfach ist es nicht. Denn es gibt immer mehr Menschen, die zunehmend spüren, dass in ihrem Leben des Überflusses und der Sicherheit etwas fehlt, etwas, das sie sich weder mit materiellem Reichtum noch mit Ehrenamt, Aktivismus oder tollem Hobby verschaffen können – woran es ihnen fehlt, ist die spirituelle Dimension ihres Daseins. Denn egal, wie abgeschottet wir im Alltag von unseren tiefsten

Ursprüngen sind, wir werden uns doch niemals davon lösen können. In jedem von uns lebt die uralte Natur, lebt das große Ganze, dem wir entstammen, lebt das Göttliche des Universums und der Menschlichkeit und wer sein Leben auf Dauer von diesen Kräften entfernt hält, der verkümmert seelisch und spirituell.

Genau hier kommt die Wicca-Bewegung ins Spiel. Sie steht bereit als eine Form der neureligiösen Bewegungen, die dem modernen Menschen genau das anbieten kann, wonach er in seiner Natur strebt und was die etablierten Kirchen ihm nicht mehr geben können: einen intensiven, intimen Bezug zur Natur und zum göttlichen Ursprung allen Lebens, ein Leben als „Hexe" im Bewusstsein der eigenen Kräfte, ein Fokus auf die Existenz im harmonischen Einklang mit dem Rhythmus der heiligen Natur. Fern ist dem Wicca-Kult hingegen alles, was mit institutionalisierten Kirchen zu tun hat, mit monotheistischen Vorstellungen, alles Ausschließende, Trennende oder den Menschen in seiner Freiheit und Entwicklung Behindernde. Das klingt genau nach dem, was Sie sich ersehnen? Dann lädt dieses Buch Sie ein, in die Mysterienreligion Wicca einzutauchen und sich auf die einzigartige Suche nach Ihrem Platz im ewigen heiligen Kreislauf des Lebens zu machen.

Hinweis: In diesem Buch finden Sie an verschiedenen Stellen QR-Codes, die Sie zu Audiodateien führen. Falls Sie keine Möglichkeit haben, diese zu scannen, können Sie alle Dateien auch über diesen Link finden: https://bit.ly/492Ndna

Die Wurzeln der Wicca

Das Wicca als neues Angebot an Menschen auf der Suche nach dem Uralten – geht es nun um eine neue Erfindung oder eine alte Tradition oder eine Mischung aus beidem? Und was muss man sich eigentlich vorstellen, wenn man heute von Hexen hört oder an Magie denkt? Glaube oder Aberglaube, festes System oder freie Entfaltung? Wenn von Wicca die Rede ist, dann stehen meist viele Fragen im Raum und hier setzt dieses Buch an: Wir machen uns gemeinsam auf den spannenden, mysterienreichen und inspirierenden

Weg hin zum Kern des Wicca, wie Sie ihn heute leben können. Dazu unternehmen wir als Erstes eine Zeitreise hin zu den ältesten Ursprüngen der Hexenbewegung und finden heraus, wie sich die heutige Wicca-Bewegung eigentlich geformt hat und in welcher Tradition die Menschen stehen, die sich heute Hexen nennen. Hier wird dann auch die ganz gegensätzliche Frage wichtig: Was ist Wicca denn eigentlich nicht? Rund um stark vorgeprägte Begriffe wie Hexen, Magie und Zauberei existieren eine große Menge an Verwirrung, Vorurteilen und seltsamen Ideen, sodass jeder, der ein ernsthaftes Interesse am Wiccatum hat, zuerst einmal falsche Vorstellungen von tatsächlichen Überzeugungen trennen muss, um seinen eigenen Zugang zu dieser magischen Welt finden zu können. Dabei ist es einerlei, aus welcher Richtung Sie kommen und was Sie mitbringen: Ob Sie schon Ihre ersten Erfahrungen mit Wicca gesammelt haben, als völliger Neuling über die Religion gestolpert sind oder der Idee eigentlich kritisch gegenüberstehen – tauchen Sie ein in die Welt des Wicca und lernen Sie die Kräfte kennen, die tief in Ihnen schlummern.

AUS ALTER VORZEIT IN DIE MODERNE WELT – HEXEN UND HEXENGLAUBE IM WANDEL DER JAHRHUNDERTE

Etymologie

Der Glaube an Hexen ist wohl so alt wie die Menschheit, allerdings haben sich die Ideen, die mit dem Begriff der „Hexe" verknüpft werden, über die Jahrtausende hinweg stark gewandelt und gerade in der heutigen Zeit bietet das Wort eine erhebliche Stolpergefahr. Wer heute „Hexe" sagt, der spricht meist entweder sachlich über jene unselige Phase des Mittelalters, in der unschuldige Frauen (und seltener Männer) wegen ihrer angeblichen magischen Tätigkeiten ein elendes Ende auf Scheiterhaufen oder in Dorfteichen fanden, oder aber er äußert sich abwertend über eine Frau. „Alte Hexe", wer diese abfällige Bezeichnung für eine Frau verwendet, der drückt damit meist aus, dass sie ihm zuwider ist, als störrisch, boshaft oder vielleicht auch einfach nur hässlich wahrgenommen wird. Und dann kommt Wicca um die Ecke und spricht ganz selbstverständlich von Hexen als Menschen, die heute unter uns sind – und auch die Hexen selbst bezeichnen sich als solche. Da besteht ganz offensichtlich Klärungsbedarf und bevor wir uns genau mit Wicca beschäftigen können, machen wir uns also zunächst einmal auf eine sprach- und kulturgeschichtliche Reise zu den Ursprüngen der Ideen, die wir heute mit „"Hexen" verknüpfen.

Die Herkunft des Wortes „Hexe" ist nicht sicher geklärt, meist bringt man es in Verbindung mit dem althochdeutschen „hag", das so etwas wie Zaun oder Hecke bezeichnet.

Vertreter dieser Theorie leiten ab, dass man damit den „Zwischenstatus" der Hexen beschreiben wollte, die gewissermaßen mit einem Bein in der diesseitigen Welt stünden, und mit dem anderen in jenem magischen Jenseits, zu dem sie dank ihrer magischen Kräfte Kontakt hätten. Die Hexe sitzt also auf der Hecke zwischen Diesseits und Jenseits, zwischen Leben und Tod, und so mancher erklärt hiermit auch die heute so verbreitete

Vorstellung von der Hexe, die auf einem Besen reitet: Der Besen war eben ursprünglich eine Zaunlatte bzw. ein dafür verwendeter Ast. Fest steht jedoch, dass sich keine Belege finden lassen, dass das Wort „Hexe" schon vor der Christianisierung und der daraus folgenden Hexenverfolgung verwendet worden wäre – „Hexe" ist also ursprünglich eine Zuschreibung derer, die den Hexen nicht wohlgesonnen waren.

Antike

Das, was eine Hexe nun ausmacht, gab es vor den Zeiten des Christentums jedoch sehr wohl. Ob heidnische Schamanen oder Zirze und Medea aus der Mythologie der alten Griechen, in wohl allen alten Kulturen findet sich der Glaube an Menschen, die über magische Fähigkeiten verfügen. Bei den Germanen spielten Wahrsager und Hellseher eine große Rolle, sie standen in besonderer Verbindung mit den Göttern. Unumstritten waren sie jedoch nicht, germanische Erzählungen berichten ebenfalls davon, dass Zauberkundige bestraft werden sollten, weil es verboten sei, der Natur oder anderen Menschen durch magische Kraft den Willen aufzuzwingen. Und was das anging, traute man den Hexen allerhand zu: So konnten sie das Wetter steuern, magische Tränke brauen, die Frauen unfruchtbar machen und besonders gefürchtet war der „Schadenzauber", also irgendeine Form der Magie, mit der anderen Menschen gezielt Schaden zugefügt wird. Zugleich waren es jedoch auch immer wieder Hexen, an die man sich wandte, wenn man in medizinischen Fällen nicht weiterwusste, denn ihre Heilkräfte waren ebenfalls berüchtigt.

Es ist also deutlich zu sehen: Hexen – oder wie auch immer sie in der jeweiligen Kultur genannt wurden – waren zu jeder Zeit Wesen, die die Wahrnehmung der Menschen spalteten. Auf der einen Seite verehrte man Seher, Orakel und Heiler, auf der anderen fürchtete und verdammte man ihre schädlichen Tätigkeiten, traute ihnen die fürchterlichsten Dinge zu und bestrafte sie auch lange vor der christlichen Hexenverfolgung schon mit Gefängnis oder gar dem Tode. Doch ganz gleich, wie man zu ihnen stand: Sie waren selbstverständlicher Teil von Gesellschaften und Kulturen, ihre Existenz wurde nicht in Frage gestellt und sogar Gesetze befassten sich mit ihnen und verboten ihr Tun.

Mittelalter und Frühe Neuzeit

Eine grundlegende Änderung im Umgang mit Hexen brachte schließlich das Christentum, wenn auch nicht in dem Maße, in dem es heute oft angenommen wird. Denn mit seiner Verbreitung in Europa gab es nun einen vorherrschenden Glauben, der zwei für die Hexen zunächst äußerst gefährliche Aspekte mit sich brachte: Zum einen forderte er Exklusivität, zum anderen kannte er den Satan. Aus diesem Grund waren für das Christentum Hexen – oder was auch immer man dafür hielt – eine Bedrohung. Denn gerade in der Frühphase des Christentums herrschte bei den frischen Gläubigen noch eine großzügige Vermischung der unterschiedlichen Glaubensteile vor. Jesus, die Auferstehung, Päpste, Gottesdienste – all das verbreitete sich in den Jahrhunderten nach Christus zunehmend in verschiedenen Gegenden Europas, aber die alten Überzeugungen aus germanischen und anderen Traditionen waren damit nicht einfach verschwunden. Die Menschen mochten wohl zur Taufe gehen, aber genauso gingen sie noch zur örtlichen Heilerin, um sich magische Elixiere für ihr krankes Kind zu holen. Den Führern des Christentums, die einen großen Wert auf ihre „Einzigkeit" legten, waren sämtliche Reste heidnischer Traditionen ein Dorn im Auge und beispielsweise in Frankreich gab man sich mit heftigen Strafen größte Mühe, alten Aberglauben auszulöschen. Später kam die zweite große Furcht dazu: Den Hexen wurde unterstellt, sie stünden in einem Pakt mit dem Teufel. Der Teufel – ewiger Widersacher des Herrn, Abgrund alles Bösen und Schlechten in Diesseits und Jenseits, Herrscher über die Hölle – erst, so die Auffassung, verleihe den Hexen ihre magischen Gaben und jeder, der heilen konnte, weissagen konnte oder sonst etwas tat, das mit damaligem Wissen nicht erklärbar war, musste also notwendigerweise eine Verabredung mit dem Satan geschlossen haben, um seine Macht zu erlangen. Die Seele an den Teufel verkauft zu haben, die sogenannte „Buhlschaft" mit dem Satan, die sich durch eine Art sexuelle Vereinigung mit dem Höllenfürsten auszeichnete, war naturgemäß die schlimmste Vorstellung der Kirchenführer und somit war klar, dass den Verdächtigen der Kampf erklärt werden musste. Diese Vorstellung wurde zunehmend aufgeweicht und als erstmals im Zuge der Inquisition Hexen verurteilt wurden, lautete der Vorwurf bereits generell Apostasie (Abfall vom wahren Glauben) und Häresie (Ketzerei).

Hexen wurden dann also nicht mehr als magische, zauberkundige Wesen gesehen, sondern in erster Linie als Feinde des Christentums, als Feinde des wahren Glaubens, und dafür wurden sie verfolgt. An dieser Stelle gilt es auch, etwas richtigzustellen: Die Ansicht ist weit verbreitet, dass die Inquisition – also die erbarmungslose kirchliche Verfolgung von Häretikern – der Gipfel der Hexenverfolgung gewesen sei und dass in ihr die Gründe für die fanatische Jagd auf Hexen im Mittelalter gelegen hätten, das stimmt aber nicht mit den Tatsachen überein. Tatsächlich spielte die Verfolgung von Hexen in Inquisitionsprozessen nur eine sehr untergeordnete Rolle, es gab sogar päpstliche Anordnungen, man solle Hexen nicht aktiv verfolgen, sondern auf Anzeigenerstattung hin zwar festnehmen, aber ihre Verfolgung hinter die Jagd auf die wirklichen Häretiker zurückstellen. Auch stammten einige der wichtigsten Gegner der Hexenverfolgung, wie etwa der Jesuit Friedrich Spee, selbst aus dem Feld der katholischen Kirche und es ist ein historischer Fakt, dass Länder, in denen sich die Inquisition wirklich durchsetzen konnte, wie etwa Spanien oder Portugal, deutlich weniger Hexenprozesse aufzuweisen haben. Und schließlich wurden die Prozesse vor weltlichen Gerichten geführt, nicht vor kirchlichen, was bedeutete, dass zumindest eine niedrige Instanz der Staatlichkeit diese Verfolgung zulassen oder gar befürworten musste.

Woher aber kam dann das Unheil, das ab etwa 1450 seinen Lauf nahm und gerade in Deutschland unvorstellbare Ausmaße erreichte? Wie so oft, ist die Antwort ziemlich komplex. Festhalten lässt sich erst einmal Folgendes: Der Großteil der Hexenverfolgung spielte sich, was den europäischen Kontinent betrifft, im Zeitraum von 1450 bis 1750 ab, mit dem Gipfel zwischen 1550 und 1650. Haupttatort war das sogenannte Heilige Römische Reich Deutscher Nation, dessen Grenzen sich im Laufe der Jahrhunderte zwar verschoben, das aber grob gesagt Deutschland, Belgien, die Niederlande, Österreich, die Tschechische Republik sowie Teile Frankreichs und Italiens umfasste. Mehr als die Hälfte der Todesurteile gegen Hexen wurden alleine in Deutschland vollstreckt, es gab also große Unterschiede in der Verfolgung zwischen einzelnen Gebieten. Der Wahn um die (vermeintlichen) Zauberer entsprang nach allem, was man heute weiß, einer beunruhigenden Melange aus verschiedenen Faktoren, denen letztlich ein nur allzu menschlicher Zug zugrunde lag: Verunsicherung und Angst.

Das 15. Jahrhundert brachte Europa eine kleine Eiszeit, mit all ihren verheerenden Folgen für eine Gesellschaft, die größtenteils von Ackerbau und Viehzucht lebte. Kälte, Hagel, Gewitterstürme und sonstige Naturkatastrophen vernichteten Ernten und führten zu großen Hungersnöten und die Menschen wussten nicht, warum. Unterernährte und geschwächte Menschen wiederum waren ein leichtes Opfer für Seuchen und Pandemien, die großflächig wüteten, die gefürchtetste davon wohl der „Schwarze Tod", also die Pest, die bis ins 18. Jahrhundert in grauenvoller Regelmäßigkeit den Kontinent mit dem Tod überzog. Die Menschen litten somit unter komplexen, existenziellen Bedrohungen, für die ihnen wissenschaftliche Erklärungen fehlten, und zugleich „schwächelte" schließlich auch der Monopol-Inhaber der Wahrheit, die Kirche: Die Reformation, die 1517 und damit Anfang des 16. Jahrhunderts Christen in Katholiken und Protestanten spaltete, befleckte den absoluten Wahrheitsanspruch, das Bild der unzweifelhaften Gewissheit über alles, was aus der Kirche kam, zerbrach und nahm der damals sehr gläubigen Gesellschaft zunehmend Halt.

Was in solchen Situationen passiert, lässt sich auch heute noch beobachten: Ein Sündenbock wird gesucht. Man brauchte jemanden, dem man nicht nur den Grund für all die Misere in die Schuhe schieben konnte, sondern viel dringender noch etwas, das all die unerklärlichen Schrecklichkeiten erklärbar machen würde – eine nachvollziehbare Ursache, ein fassbarer und damit bekämpfbarer Grund und hierfür boten sich die Hexen geradezu an: Natürlich waren sie es, die das Wetter verändert und den verheerenden Hagelsturm geschickt hatten, der ein halbes Dorf hatte verhungern lassen. Natürlich waren sie es, die Schadenzauber auf Familien und Dörfer gerichtet hatten, in denen dann schreckliche Krankheiten die Menschen dahinrafften – und natürlich mussten sie bekämpft werden. Das war einfacher, als sich den Mächten von Wetter und Biologie hilflos ausgeliefert zu sehen, und bot die Möglichkeit, etwas zu tun.

Getan wurde dann in der Folge jede Menge: Hexen und Zauberer – in großer Mehrzahl Frauen – wurden denunziert, verfolgt, gefangengenommen und getötet – die heute längst sprichwörtliche Hexenjagd nahm ihren Lauf. Dass Frauen im Zentrum dieses Wahns standen, hat Gründe, die in der Sozialstruktur der damaligen Gesellschaft und erneut in der

Lehre der Kirche lagen. Dort sah man seit Evas Verführung durch die Schlange in der Schöpfungsgeschichte der Bibel Frauen generell als das schwache, wankelmütige und von bösen Mächten leicht zu verführende Geschlecht, der Satan habe also bei ihnen ein leichtes Spiel, sie zum Bund zu überreden. Für die Gesellschaft hingegen sollten Frauen angepasst, zurückhaltend und dem Manne untergeordnet sein und „unweibliches Verhalten" wurde als Abwehrreflex männlicher Vorherrschaft gerne rasch mit Hexentum in Verbindung gebracht.

Eigenständig lebende Frauen, weise Frauen, die in der Heilkunde gebildet waren, oder gar Frauen mit freizügigem Sexualleben waren der damaligen strengen Geschlechterordnung verdächtig und bedrohlich zugleich, kein Wunder also, dass gerade gegen Frauen, die in irgendeiner Weise von der Norm abwichen, mit dem Hexenvorwurf vorgegangen wurde. Die Jagd auf vermeintliche Hexen verselbstständigte sich mit der Zeit und psychologische Phänomene wie Massenhysterie taten ihr Übriges. Ein Musterbeispiel dafür sind die Prozesse von Salem in den USA, bei denen ausgehend von zwei Mädchen, die merkwürdige Anfälle erlitten, eine furchtbare Spirale aus Verdächtigungen, Verhexungsvorwürfen, Teufelspanik und Hinrichtungen in Gang gesetzt wurde.

Auf Jahrhunderte blieb also das Leben von echten und vermeintlichen Hexen die Hölle auf Erden. Kaum vorstellbar, dass solche, die sich selbst als Hexen sahen und über außergewöhnliche Begabungen und Künste verfügten, ihre Eigenschaften offenbart hätten, doch selbst durch diese Zeit hindurch wurden altes Hexenwissen und Geheimnisse weitergegeben. Die letzten Prozesse in Europa fanden schließlich Ende des 18. Jahrhunderts statt, dann wurde dem unseligen Treiben ein Ende gesetzt.

Wicca heute

Und wie geht es den Hexen heute? Bei der Frage muss man unterscheiden, welchen Teil der Welt man sich ansieht. In Afrika etwa ist der Glaube an Hexen bis heute in vielen Ländern weit verbreitet, auch im südamerikanischen Raum, in einigen Ländern Asiens und auch bei indigenen Bevölkerungen in Ozeanien spielt Hexerei eine Rolle. Das gilt dann in beide Richtungen: Auch im 21. Jahrhundert müssen Menschen, die magischer Künste verdächtigt werden, mit Verfolgung rechnen oder sogar um ihr Leben fürchten. Gerade in ländlichen, kaum entwickelten und abgelegenen Gebieten zögert man nicht, schlechte Ernte, Krankheiten oder anderes Übel darauf zu schieben, dass man verflucht worden sei, und so kommt es zu Jagden auf verdächtige Personen bis hin zum Lynchmord. Aber es gibt eben auch die andere, die freundliche Seite der Hexerei: Man vertraut magiekundigen Menschen, wenn es etwa um die Heilung von Krankheiten geht, und traditionelle Heiler, bei denen die Grenze zwischen uraltem Wissen um Heilkräuter und körperliche Zusammenhänge sowie übersinnlichen, magischen Praktiken fließend ist, sind oft selbstverständlich die erste Anlaufstelle bei Beschwerden jeder Art. Man wendet sich an Schamanen, Zauberer oder Hexen jedoch auch in anderen Belangen des Lebens und schreibt ihnen zweifelsfrei Fähigkeiten zu, die gewöhnlichen Menschen vorenthalten bleiben. Ein Liebeszauber, ein Trank für Manneskraft, ein Ritual für reiche Ernte oder Kontakt zu Verstorbenen, Geistern und anderen geheimnisvollen Wesen – dafür sind die örtlichen Hexen im Alltag der Fachmann.

All das zusammengenommen, sieht man vor allem eines: Der Glaube an die Fähigkeiten von Hexen sowie das Selbstverständnis der so bezeichneten Menschen als Hexen sind für solche Kulturen eine Selbstverständlichkeit, die von der Bevölkerung geteilt wird. Ihre Existenz steht nicht in Frage, die Existenz von Magie, von einer Verbindung mit höheren Mächten, mit dem Kosmos, mit dem Jenseits, ja, mit all dem, was unser Verstand und unsere Wissenschaft nicht erfassen können, ist ein natürlicher Teil des Lebens und des Alltags und es gibt keinen Grund, daran zu zweifeln. Das erlaubt eine ganz andere Nähe zur Natur, zur Ewigkeit, zur Unendlichkeit des Kosmos, und einen Zugang zu dem unfassbaren Mysterium des Lebens und der Welt an sich, als dem modernen Menschen hierzulande meist möglich ist.

Doch auch hier tut sich einiges und damit wenden wir uns dem Kernthema dieses Buches zu: Denn man kann sagen, dass im westeuropäischen Kulturkreis unserer Zeit die Hexen ein Comeback erleben. Zu Beginn des 20. Jahrhunderts begann langsam eine Art Wiederaufblühen bzw. Wiederentdecken der alten Religionen und Traditionen aus vorchristlicher Zeit. Die davorliegende kulturgeschichtliche Phase der Romantik hatte bei vielen Menschen ein ganz neues Interesse an der Natur, an naturreligiösen Ideen, am Spirituellen und auch am Übersinnlichen geweckt und zugleich verlor die früher alles dominierende Kirche rasant an ihrer Vormachtstellung. Was Päpste und Priester zu sagen hatten, wurde für immer mehr Menschen zweitrangig, diese beschäftigten sich lieber damit, welche Rolle sie selbst eigentlich im großen Ganzen des Universums spielten. Gerade im amerikanischen und englischen Raum befassten sich ab etwa 1920 verstärkt Menschen mit heidnischen Religionsformen, germanischem Brauchtum und altem Hexenwissen und die Sehnsucht nach einer tiefen Verbindung mit der Natur und ihren Kräften wuchs.

Hier wurde dann vieles vermischt, man entdeckte Aspekte von Naturreligionen, mystischen keltischen Ritualen, alten Gottheiten und auch dem Freimaurertum, woraus ein ganz neues Selbstbewusstsein derer erwuchs, die sich als Hexen begriffen. Ein Meilenstein war sicherlich auch die Abschaffung des Witchcraft-Acts in Großbritannien, also die Abschaffung des Gesetzes gegen Hexerei und Zauberei, das aus dem Jahr 1735 stammte und verblüffenderweise tatsächlich in einem Prozess 1944 noch Anwendung fand: Die Schottin Helen Duncan, ein selbsterklärtes Medium, das gegen stattliche Summen anbot, den Kontakt zu verstorbenen Vorfahren herzustellen, wurde vor Gericht gebracht, was nach Überlieferung den damaligen britischen Premier Churchill fassungslos machte – in Europa tobte der 2. Weltkrieg und zur gleichen Zeit wurde hier von einem modernen Gericht einer Frau auf Basis eines alten Hexengesetzes der Prozess gemacht. Der Premier sorgte dafür, dass die entsprechenden Paragrafen 1951 endgültig Geschichte wurden. Seitdem drohte Hexen also nun auch ganz offiziell nicht einmal mehr theoretische Gefahr und das Wiederentdecken der eigenen spirituellen und magischen Kräfte erblühte.

DIE ENTSTEHUNG DES WICCA

Aus diesen Entwicklungen heraus entstand schließlich auch das, was wir heute als Wicca kennen.

Das Wort selbst geht übrigens auf das Altenglische zurück, wo „wicca" einen männlichen Zauberer bezeichnete, mit der weiblichen Entsprechungsform „wicce" und dem daraus hervorgegangenen modernen Wort „witch", also Hexe.

Wie es zu einer geheimnisvollen Religion ganz gut passt, ist die Gründung nicht exakt zu datieren oder festzulegen, aber sie fand wohl zwischen 1921 und 1950 statt, und zwar durch den Engländer Gerald Brosseau Gardner. Das zeigt bereits etwas sehr Interessantes: Wicca war noch nicht gegründet, aber ganz selbstverständlich gab es auch davor schon Menschen, die als Hexen lebten und dies ganz bewusst und in Gemeinschaften zusammengeschlossen praktizierten – mitten in der sich rasant entwickelnden Moderne des 20. Jahrhunderts.

Aus diesem Coven – einem Hexenzirkel, dieser und weitere wichtige Wicca-Begriffe werden im Folgenden noch genau erläutert – übernahm er Erzählungen zufolge Wissen, Rituale und Traditionen und schrieb schließlich 1954 das Buch „Witchcraft today", also „Hexenkunst heute", das den Grundstein für die genaue Ausgestaltung des Wicca legte und dem Glauben somit seine erste offizielle Schrift verlieh.

Vivianne Crowley, Doreen Valiente und Eleanor Bone waren drei weitere entscheidende Figuren in der Entstehung des Wicca, sie formten die neue Bewegung durch ihre Ideen und Konzepte und verfassten im Laufe der Zeit zahlreiche Bücher rund um die Überzeugungen und Traditionen des Wicca.

Steckbrief:

Gerald Brosseau Gardner

– geboren im Juni 1884 in Merseyside, England

– war als englischer Beamter sowie Autor tätig

– lebte später in Ceylon und Malaysia, wo er mit traditionellen Kulturen in Kontakt kam, ein ausgeprägtes Interesse für magische Aspekte in diesen Traditionen entwickelte und Magie zu einem wichtigen Teil seines Lebens wurde

– Nach seiner Rückkehr auf die britische Insel lernte er in New Forest Edith Rose Woodford-Grimes und Dorothy Clutterbuck kennen, die den bereits bestehenden New Forest Coven leitete, in den Gardner schließlich 1939 nach eigenen Angaben initiiert wurde. Um seine Initiation und die tatsächliche Leitung des Coven ranken sich bis heute Legenden, der Stand der Forschung geht aber von Woodford-Grimes und Clutterbuck als Priesterinnen aus.

– 1949 veröffentlichte er mit Gestattung des Coven sein Buch „High Magic's Aid", in dem er zum ersten Mal die Grundlagen dessen beschreibt, was später als Gardenisches Wicca bekannt werden sollte. Das Buch erschien unter seinem magischen Namen Scire, das er als Pseudonym verwendete, da Hexerei in Großbritannien damals noch unter Strafe stand.

– Bis heute von größter Bedeutung ist sein „Buch der Schatten", das in irgendeiner Form Grundlage der meisten Coven ist.

– Nach seinem Umzug in die Hauptstadt London gründete er seinen eigenen Coven, die erste Gemeinschaft, die sich selbst als Wicca bezeichnete, den Bricket Wood Coven.

– Während seiner Wicca-Tätigkeit in diesem Coven lernte er zahlreiche Personen kennen, die später einen großen Einfluss auf die weitere Entwicklung des Wicca haben sollten, so etwa Aleister Crowley, einen bekannten Okkultisten, sowie Doreen Valiente, Raymond Buckland und Patricia Dawson, von denen später noch die Rede sein wird.

– Er starb am 12. Februar 1964 während einer Schiffsreise und liegt in Tunis begraben.

Steckbrief:

Vivianne Crowley

– geboren in Irland, aufgewachsen in New Forest

– studierte Psychologie an der Universität London, wo sie auch promovierte

– hatte Überlieferungen zufolge von Kind an starken Bezug zu Magie und Natur, da ihre Mutter über außergewöhnliche geistige Fähigkeiten verfügt haben soll und die junge Vivianne mit der selbstverständlichen Überzeugung von Übersinnlichem und Magischem großzog

– entwickelte großes Interesse am modernen Wiccatum und wurde von Alex Sanders zunächst in seinen Coven des Alexandrinischen Wicca initiiert

– wechselte später in einen Coven nach Gardner-Art

– bezeichnet sich selbst als Autorin und spirituelle Entdeckerin und veröffentlichte zahlreiche Bücher, die für das Wiccatum von großer Bedeutung sind, wie etwa „Wicca: Die alte Religion im neuen Zeitalter" oder „Phönix aus der Flamme: Heidnische Spiritualität in der westlichen Welt"

– Crowley lässt in ihre Wicca-Arbeit vieles aus ihrem akademischen Leben einfließen und bietet somit einen intellektuell-psychologisch geprägten Zugang zum Wicca.

Steckbrief:

Doreen Valiente

– geboren am 4. Januar 1922 in Mitcham, England

– wurde christlich erzogen, lehnte die Religion jedoch ab ihrem 15. Lebensjahr vehement ab und befasste sich intensiv mit traditionellem Hexentum und Magie

– Über einen Brief gelangte sie schließlich mit Gardner in Kontakt und wurde Teil seines Covens.

– Dort trug sie einen erheblichen Anteil zur Verschriftlichung der Wicca-Traditionen bei, sie verfasste unter anderem Bücher wie „Witchcraft for Tomorrow" oder „Charge of the Goddess". Vor allem jedoch verfasste sie zahlreiche Texte zu Ritualen und war wohl auch sehr talentiert darin, selbst Rituale zu verfassen.

– Sie überarbeitete zahlreiche Passagen in Gardners „Buch der Schatten" und wirkte somit stark auf die bis heute verbreiteten Grundlagen des Wicca ein, manchmal wird sie deshalb auch als „Mutter des Wicca" bezeichnet.

– In ihrer Wicca-Auffassung spielen Feminismus und stark ökologisch geprägte Naturbindung eine große Rolle.

– Sie überwarf sich schließlich mit Gardner, da sie in seiner verstärkten Öffentlichkeitsarbeit eine Bedrohung für ihren Coven sah, und gründete später einen eigenen Coven.

– Valiente starb im Jahr 1999.

Steckbrief:
Eleanor Bone

– geboren am 15. Dezember in Fleet, Hampshire

– Ihren eigenen Aussagen zufolge entwickelte sie ihr erstes Interesse an einer anderen Religion als dem Christentum im Alter von acht Jahren, als ihre geliebte Katze starb und ihr vom örtlichen Priester gesagt wurde, dass Tiere nicht in den Himmel kämen.

– In tatsächliche Verbindung mit Magie kam sie über ein Ehepaar in Cumbria, wo sie während der Bombardierungen in London Arbeit gefunden hatte. Beide offenbarten sich ihr als Hexen, die ihre Fähigkeiten geerbt hätten, und führten sie erstmals in die Kunst der Magie ein.

– Nach dem Ende des Krieges kehrte sie nach London zurück und kam in Kontakt mit Gardners Bricket Wood Coven, wo sie zwar initiiert wurde, jedoch nie wirklich eine spirituelle Heimat fand.

– Gardner selbst nahm sich schließlich ihrer an und initiierte sie bis in den 3. Grad, ihr Hexenname ist als Artemis bekannt.

– Bone spielte eine wichtige Rolle bei der Bekanntmachung und Vertretung des noch jungen Wicca-Kult in der Öffentlichkeit und trug erheblich zu einem positiven Ruf der modernen Hexerei bei.

– Über Jahrzehnte hinweg bildete sie zahlreiche Nachwuchs-Hexen aus, ermöglichte ihnen den Aufbau eigener Coven und ist somit eine der Schlüsselfiguren für die stark angewachsene Zahl der Wicca-Anhänger.

– Sie starb am 21. September 2001 in Garrigill, wo sie ihre letzten Lebensjahre verbracht hatte.

Über den Atlantik gelangte Wicca schließlich durch Raymond und Rosemary Buckland, die den neuen Kult in Amerika etablierten, wo es mittlerweile die wohl größte Gruppe der Glaubensanhänger weltweit gibt.

Steckbrief:

Raymond und Rosemary Buckland

– Raymond Buckland wurde am 31. August 1934 in London geboren.

– Er wurde anglikanisch-religiös erzogen, entwickelte jedoch bereits im Alter von zwölf Jahren – inspiriert von einem spirituell veranlagten Onkel – ein reges Interesse an Magie

– 1955 heiratete er Rosemary Moss, über deren Leben weitaus weniger bekannt ist.

– 1962 emigrierte das Paar in die USA.

– Dort begann Raymond mit intensiver Lektüre über modernes Hexentum – unter anderem Werke Gardners – und gründete schließlich 1968 das erste Museum der Hexerei und Magie in den USA.

– Vermutlich über den Kontext dieses Museums kam er in brieflichen Kontakt mit Gardner, der sich so weit intensivierte, dass Raymond zu einer Art von Gardners Sprecher in den USA wurde.

– Während einer Schottland-Reise wurde das Ehepaar Buckland schließlich von der Hohepriesterin Monique Wilson initiiert, Gardner war Gast bei dieser Zeremonie.

– Nach der Initiation brachten beide Gardners Buch „Der Schatten“ mit zurück in die USA und gründeten dort ihren ersten Coven. Auf diesen Coven lassen sich heute fast alle vollständig initiierten Wicca der USA zurückführen.

– Zunächst bemühte das Ehepaar sich um ein möglichst verdecktes magisches Leben, durch einen unautorisierten Zeitungsartikel gewannen die beiden jedoch schlagartig an Berühmtheit und Raymond vertrat das Wiccatum fortan recht offen.

– Nach der Scheidung von Rosemary 1973 verließen beide ihren ursprünglichen Coven und Raymond begründete später eine neue Linie des Wicca, das Seax-Wicca, in dem viel Bezug auf angelsächsisches Heidentum herrscht.

Diese schnelle Verbreitung zu vielen Menschen und über Länder und Kontinente hinweg hatte naturgemäß zur Folge, dass die Glaubensrichtung sich entwickelte und auch diversifizierte. Unterschiedliche Strömungen des Wicca entstanden und sind auch heute noch in einem steten Wandel begriffen, dabei werden ganz unterschiedliche Schwerpunkte gesetzt. Doch bevor wir uns genauer mit den unterschiedlichen Richtungen beschäftigen, gilt es, ein paar ganz grundlegende Fakten rund um Wicca zu kennen, um die weitere Entwicklung nachvollziehen zu können.

Wer sich zunächst die Frage stellt, was Wicca denn nun eigentlich ist, der findet folgende Antwort vor: Es handelt sich um eine neureligiöse Bewegung, die oft dem sogenannten Neopaganismus zugeordnet wird. **Neopaganismus** lässt sich am besten mit „Neuheidentum" übersetzen und bezeichnet religiös-spirituelle Strömungen seit dem letzten Jahrhundert, die Inhalte aus alten, meist vorchristlichen Traditionen übernehmen und wiederaufleben lassen.

Der Neopaganismus ist also keine Religion oder Lehre für sich, sondern ein Sammelbegriff für alle Bewegungen, die auf beispielsweise antikem, keltischem oder germanischem Heidentum fußen und Elemente daraus in die heutige Zeit überführen, um danach ihren Glauben auszurichten. Wicca ist eine Form davon, die außerdem auch als Mysterienreligion bezeichnet wird. Das bedeutet, dass ihre Rituale und Überzeugungen „geheim" sind, also nur Eingeweihten bekannt sind, die durch eine bestimmte Art der Initiation in die Gemeinschaft aufgenommen wurden. In Bezug auf Wicca lässt sich dieser Begriff jedoch weit fassen, denn das Wiccatum:

- steht grundsätzlich jedem offen,
- ist nicht ausschließend und
- daher auch bereit, sein Wissen mit jedem zu teilen.

Schließlich existieren auch Bücher, die von den Lehren und der Praxis berichten, allerdings sollte jedem, der sich in seinem Leben für ein aktives Ausüben des Wicca interessiert, klar sein: Eine wirkliche Einführung in das wahre Erleben des Glaubens findet ganz sicher nicht durch einsames Bücherstudium statt – wer die Mysterien des Wicca ernsthaft erleben will, der muss eintauchen in seine Gemeinschaft.

Wicca wird auch als Religion der Hexen bezeichnet und das aus konkretem Grund: Die Anhänger nehmen sich selbst als Hexen in dem modernen Wortsinn wahr, da sie in Verbindung mit dem ewigen Kosmos, der Natur und ihren Mächten sind und durch Ausübung ihrer Lehren und Rituale Energien nutzen und lenken können. Sie glauben an ihre magischen Kräfte und setzen diese ein, allerdings in streng positiver Weise: Schwarze Magie oder irgendeine Form des Schadenzaubers hat in Wicca absolut keinen Platz.

Wer mit der Wiccalehre erstmals in Kontakt kommt, der stolpert nicht selten über die Worte „Religion" und „Gläubige". Das klingt für westliche Ohren ganz ausgeprägt nach etablierter Kirche, nach Katholizismus, Judentum und Islam, nach Gott, Allah, Bibel und institutioneller Strenge und irritiert – ist Wicca nicht ziemlich das Gegenteil? Ist es in vieler Hinsicht, die Begriffe werden dennoch verwendet, gerade auch im öffentlichen Diskurs, da sie zunächst ganz objektiv bestimmte Dinge beschreiben: Es handelt sich um eine Lehre, ein Überzeugungssystem, an das Menschen glauben – von dem sie eben überzeugt sind.

Deshalb wird Wicca als Religion bezeichnet und diejenigen, in deren Leben Wicca eine wichtige Rolle spielt, als Gläubige – was das dann jedoch konkret bedeutet und wie wenig es etwa mit einer katholischen Messe zu tun hat, erfahren Sie in den nächsten Kapiteln.

Bevor wir dazu kommen, uns tatsächlich genau mit den Inhalten des Wicca zu befassen, ist vorab eine kurze Begriffsklärung sinnvoll. Wenn in diesem Buch von „Wicca" die Rede ist, ist damit die gesamte Bewegung gemeint, unterschiedliche Strömungen werden gesondert bezeichnet.

Die Mitglieder bzw. Anhänger des Wicca werden Wiccas genannt, es ist dann etwa die Rede von „der Wicca", um sich auf einen männlichen Anhänger zu beziehen, oder „die Wicca", wenn eine Frau gemeint ist. Möglich ist auch die Bezeichnung als „Wiccaner/Wiccanerin".

Manchmal werden die Gläubigen auch als Hexen bezeichnet, dieser Begriff schließt – anders als umgangssprachlich üblich – ausdrücklich beide Geschlechter ein. Gerade wenn etwa magische Rituale beschrieben werden und hierbei von „Hexen" die Rede ist, sind hier sowohl männliche als auch weibliche Praktizierende angesprochen. Da die Dualität männlich – weiblich im Wicca eine herausragende Rolle spielt, sind manchmal jedoch auch genaue Unterscheidungen notwendig, diese werden dann gesondert deutlich gemacht.

Ebenso wird aus Gründen der besseren Lesbarkeit im Fließtext das generische Maskulinum verwendet, was Frauen ganz genauso einschließt.

KLEINE BEGRIFFSKUNDE

Bevor wir dann endlich tiefer einsteigen in die eigentlichen Glaubensinhalte und Überzeugungen des Wicca, erweist sich noch ein eher theoretischer Aspekt als sinnvoll. Klingt zwar nicht besonders spannend, ist aber wichtig und tatsächlich sehr interessant – nämlich die Klärung einiger zentraler Begriffe, über die Sie immer wieder stolpern werden und unvermeidbar auch schon gestolpert sind. Ohne Worte wie Initiierung oder Coven lässt sich über Wicca nicht sprechen, höchste Zeit also, im Begriffsdschungel für Klarheit zu sorgen und Missverständnisse auszuräumen.

Initiation: Das vielleicht wichtigste Wort für Wicca-Interessenten, denn es beschreibt das große Ziel, das gleichzeitig eigentlich nur der Anfang ist, und zwar der Anfang einer unvergleichlichen Reise.

Die Initiation bezeichnet die offizielle, formelle und in einem Ritual durchgeführte Aufnahme eines Neulings in den jeweiligen Hexenzirkel.

Diese Aufnahme ist die Initiation in den ersten Grad, die unterste Stufe, die ein Mitglied innerhalb eines Zirkels haben kann. Auch beim Aufstieg in den zweiten oder dritten Grad findet eine Initiation statt und wie genau die Initiation abläuft, was in der vorangehenden Phase alles geschieht und welche Bedeutung die einzelnen Initiationsgrade haben, darauf geben die späteren Kapitel zum eigentlichen Inhalt des Wiccatums genaue Antwort.. Traditionellerweise gilt für die Initiierung in den ersten Grad die Regel „ein Jahr und ein Tag". So lange soll ein Anwärter schon mit seinem zukünftigen Coven zusammen das Wiccatum kennengelernt und praktiziert haben, bis er als reif befunden wird, offizielle und verbindliche Aufnahme zu finden. Ab diesem Moment ist der frisch Initiierte vollwertiges Mitglied des Zirkels und kann seinen weiteren Weg in der Gemeinschaft bestreiten.

Selbstinitiation: Der Begriff erklärt sich bereits aus sich heraus:

Bei der Selbstinitiation geht es um die Initiation aus eigener Kraft, ohne Coven, ohne Anwärterschaft.

Es gibt Strömungen, die diese Form der Initiation in den Wiccakult als gleichwertig akzeptieren und dabei die Auffassung vertreten, die Initiation erfolge nicht eigentlich durch den Neuling selbst, sondern durch Gott und Göttin und sei damit selbstverständlich ebenso legitim wie die offizielle Aufnahme durch einen Coven. Andere Strömungen erkennen die Selbstinitiation als Notlösung an, für wieder andere stellt sie keine Option dar. Gerade im modernen Neowicca, das stärker auf Individualität und freies Kombinieren mehrerer Strömungen setzt, ist die Selbstinitiation oft Standard – führt aber meist zu einem ganz anderen Praktizieren als dem, das innerhalb von Coven üblich ist.

Freifliegend / Solitär:

Als freifliegende oder solitäre Hexen werden Wiccas bezeichnet, die eine besonders freie Form der Glaubensausübung pflegen.

Sie sind nicht in Coven integriert, sondern bestreiten ihre spirituelle Entwicklung selbstständig und alleine und verschreiben sich dem Wiccatum in der Regel durch Selbstinitiation. Das freifliegende Wicca ist ein recht modernes Phänomen, bei dem die Hexen jedoch meist trotzdem im Großen und Ganzen den Traditionen des BTW folgen. Manche Hexen entschließen sich mit der Zeit, sich doch auch in bestehende Coven initiieren zu lassen, für andere bleibt der eigenständige Weg dauerhaft der richtige.

Coven:

Der bereits erwähnte Coven ist die Bezeichnung für einen Hexenzirkel, in dem praktizierende Wiccas sich zusammenschließen, um ihren Glauben zu leben.

Übersetzen lässt sich Coven auch als Konvent, gebräuchlich sind jedoch die Begriffe „Coven" oder „Zirkel", es handelt sich um einen festen Verbund zum Zwecke der Religionsausübung. Anders als in den bekannten Religionen gibt es nicht einfach Gemeinden oder Kirchen, denen man sich beliebig anschließen und, wann immer einem gerade danach ist, beispielsweise Gottesdienste besuchen kann. Wicca lebt vom aktiven und konkreten Ausgeübt-Werden, eingebunden in eine feste Gemeinschaft, innerhalb derer Vertrauen und auch Vertrautheit hohe Güter sind, werden Rituale durchgeführt, Feiern abgehalten, Wissen weitergegeben und die persönliche spirituelle Reifung eines jeden Mitglieds findet im engen Kreis der Mithexen statt. Entsprechend haben diese Coven eine feste Zusammensetzung, traditionellerweise bestehend aus 13 Mitgliedern, die paritätisch männlich und weiblich sind. Eine Hohepriesterin sowie ein Hohepriester stehen dem Coven idealerweise vor und haben die Leitung etwa bei Ritualen.

Schwärme:

Wächst die Mitgliederzahl so weit an, dass der intime und vertraute Rahmen des Coven nicht mehr gewährleistet wird, teilt sich der Coven in der Regel auf bzw. bildet einen Ableger, welcher als Schwarm bezeichnet wird.

Der ursprüngliche Coven heißt auch Muttercoven und es ist üblich, dass etwa an hohen Feiertagen alle Schwärme mit den jeweiligen Muttercoven zusammenkommen, um den Festakt dann im großen Rahmen zu begehen. Wichtig ist: Keine zwei Coven gleichen einander vollständig, denn durch das Fehlen einer übergeordneten Kirchenorganisation, von Dogmen oder etwa Texten wie einer Bibel entwickelt jeder Zirkel im Laufe der Zeit seine ganz spezifische Glaubensauslegung.

Grade: Innerhalb des Covens existieren generell drei Grade - manche Strömungen kennen nur zwei -, aber von dieser Abstufung sollten Sie sich nicht täuschen lassen:

Denn beim Grad geht es nicht um Machtstrukturen oder Hierarchie, sondern lediglich um die Erfahrung, die ein Mitglied bereits hat, und damit um die Aufgaben, die es übernehmen kann, oder eben die Dinge, die es noch von erfahreneren Mitgliedern lernen muss.

1. Grad

Traditionellerweise gilt für die Initiierung in den ersten Grad die Regel „ein Jahr und ein Tag". So lange soll ein Anwärter schon mit seinem zukünftigen Coven zusammen das Wiccatum kennengelernt und praktiziert haben, bis er als reif befunden wird, offizielle und verbindliche Aufnahme zu finden. Ab diesem Moment ist der frisch Initiierte vollwertiges Mitglied des Zirkels und kann seinen weiteren Weg in der Gemeinschaft bestreiten. Als Mitglied ersten Grades wird man als Novize bezeichnet, im zweiten Grad gilt man als Priester und der dritte Grad befähigt zum Hohepriestertum.

2. Grad + 3. Grad

Um in den zweiten Grad aufzusteigen, gilt üblicherweise erneut die Regel von einem Jahr und einem Tag, wohingegen die Erhebung in den Hohepriesterstand (= 3. Grad) keinem zeitlichen Muster folgt: Hier geht es schlicht darum, dass ein Anwärter genug Erfahrung, Erkenntnis und Fähigkeiten gesammelt hat, um dieser Aufgabe gerecht zu werden – das kann länger dauern oder weniger lang.

Skyclad: Über diesen Begriff werden Sie immer wieder stolpern, wenn es um die konkrete Ritualausübung geht, und übersetzen lässt er sich am besten mit „Himmelskleid".

Das Skyclad ist die natürliche „Kleidung" des Menschen, also seine Nacktheit, und das Praktizieren im Himmelskleid hat im Wicca grundsätzlich eine hohe rituelle Bedeutung.

Im gardnerischen Wicca etwa wurde zu Beginn grundsätzlich unbekleidet praktiziert, diese Regel weichte sich jedoch mit der Zeit auf und irgendwann waren zeremonielle Roben die übliche Bekleidungsform. Heute werden Sie im Hinblick auf das Himmelskleid ganz unterschiedliche Auffassungen finden, während für manche Coven die Kultausübung im Himmelskleid unverzichtbar ist für eine tiefe Verbundenheit mit der Natur, tragen die Mitglieder in anderen Coven rituelle Gewänder, wohingegen wieder andere überhaupt keine Anforderungen an die Kleiderordnung stellen und im Alltagsgewand praktizieren. Diese Unterschiede sind oft auch für Wicca-Neulinge interessant und es ist wichtig, beim Kontakt mit einem potenziellen zukünftigen Coven zu Beginn darüber zu sprechen. Denn während manche Menschen sich nur nackt so richtig frei fühlen, gibt es nicht wenige Menschen, für die Nacktheit – aus den unterschiedlichsten Gründen – (noch) keinesfalls in Frage kommt.

GRUNDSÄTZE DES WICCA

Die Vielfalt des Wicca ist mittlerweile schier unermesslich und so ist klar, dass die unterschiedlichen Strömungen auch ganz unterschiedliche Aspekte aufweisen.

Wicca-Strömungen

- stellen verschiedene Glaubensinhalte ins Zentrum,
- legen Regeln nach eigener Ansicht aus (beispielsweise im Hinblick auf Initiationsvoraussetzungen, Kleidung, Ritualausgestaltung),
- lassen manche Regeln gelten oder auch nicht (akzeptieren etwa Selbstinitiation, praktizieren unbekleidet, sind streng oder nicht streng in Bezug auf die Geheimhaltung von Ritualen oder Glaubensinhalten) und
- existieren oft vor einem ganz bestimmten Hintergrund, der die gesamte Ausgestaltung prägt – beispielsweise der Feminismus.

Trotzdem gibt es bei all der individuellen Unterschiede große und bedeutsame Gemeinsamkeiten, die jede Strömung und jeder Coven vermutlich sofort unterschreiben würden. Um diese universellen Grundsätze des Wiccatums geht es nun in diesem Kapitel, denn ganz gleich, für welche

Richtung Sie sich schließlich interessieren, diese Grundlagen bieten den Zugang zur geheimnisvollen Welt der gläubigen Hexen.

Solange es niemandem schadet, tu, was du willst.

Der wohl wichtigste Grundsatz lässt sich in einem Satz zusammenfassen und der wird Ihnen im Laufe Ihres Hexenlebens immer wieder begegnen: „Solange es niemandem schadet, tu, was du willst." Diese Regel wird auch oft als **Dreierregel** bezeichnet, denn die Vorstellung geht noch ein wenig weiter:

Was auch immer man tut, sei es nun Gutes oder Böses, wird dreimal auf einen selbst zurückkommen – es empfiehlt sich also, sein Handeln gut zu überdenken.

Diese Regel klingt nun zunächst einmal ziemlich unspektakulär und fast selbstverständlich, bei genauerem Hinsehen verrät sich aber tatsächlich schon sehr viel über das Wesen des Wiccatums. Schließlich stecken in dem einfachen Ausspruch zwei Aspekte, die bei näherer Betrachtung eigentlich ziemlich revolutionär sind.

Da ist zunächst eine *uneingeschränkte persönliche Freiheit*, die dem Individuum ganz klar sagt: Du darfst tun, was immer du willst. Du darfst leben, wie immer du willst, du darfst dir dein Leben gestalten, einrichten und verändern, wie du es möchtest, wir machen dir keine Vorschriften. Beziehungsformen, sexuelle Ausrichtung oder Moral, die Frage nach Arbeit, Geld und Beruf, politische Ansichten, private Lebensführung, Ernährung – über all diese Dinge macht Wicca nicht nur keine strengen Vorschriften, sondern lädt explizit zur freien persönlichen Entfaltung ein. Blickt man auf andere Religionen dieser Welt, springt der Unterschied ins Auge, denn wer etwa an den Katholizismus oder den Islam denkt, dem fallen sofort grundlegende Vorschriften in Bezug auf viele dieser Punkte ein und die Toleranz für Abweichungen ist wenig ausgeprägt. Wicca hingegen ist genau das, was in unserer modernen Gesellschaft so oft gefordert und dann doch so selten gelebt wird, nämlich nahezu grenzenlose Toleranz.

Die Grenze ist dann genau dort erreicht, wo der zweite wichtige Teil der Dreierregel beginnt, nämlich da, wo die *Unversehrtheit des Nächsten* beginnt. Das Einzige also, was im Wicca grundsätzlich abgelehnt wird, ist, irgendjemandem Schaden zuzufügen, und auch hier lohnt sich ein genauer Blick darauf, was diese Forderung eigentlich wirklich bedeutet. Zunächst einmal wird jedem Menschen der gleiche Wert zugesprochen und seine Unversehrtheit – sei es körperlich, seelisch oder sonst wie – gilt als das höchste Gut. Darüber hinaus aber besagt die Dreierregel, dass angerichtetes Unheil dreifach auf einen zurückkommt – nicht, dass absichtlich zugefügtes Unheil zurückkommt, sondern generell Unheil. Daraus lässt sich ableiten, dass auch irrtümlich zugefügter Schaden letztlich auf einen selbst zurückfällt, und dies betont nur umso mehr die Verantwortung, die jeder Einzelne zu tragen hat. Die Hexenkräfte, die in Ihnen schlummern, sollten Sie also stets mit Bedacht und Besonnenheit anwenden, nach reiflicher Überlegung, mit gutem Gewissen und niemals aus einem unbedachten Impuls heraus. Selbstkontrolle, Bewusstsein für eigene Wünsche und auch Schwächen sowie geistige Disziplin spielen also eine große Rolle – das macht auch Sinn, denn mit Mächten aus Natur und Kosmos sollte niemand leichtfertig herumhantieren. Genauso wichtig wie die Dreierregel ist ein weiterer Grundsatz, der sogar als Grundlage bezeichnet werden kann, vor der das ganze Wiccatum überhaupt existieren kann:

Wiccas leben in einer engen Verbindung mit der Natur.

„Verbindung" wird der Intensität dieser Beziehung dabei kaum gerecht, denn Wiccas begreifen sich ganz und gar als Teil der Natur, als Teil des ewigen und unendlichen Kosmos. Es ist das höchste Ziel allen Wiccatums, ein Leben zu führen, das in völligem Einklang mit der Natur steht, das im Rhythmus der Natur stattfindet und in dem alles, was geschieht, Teil des ewigen großen Kreislaufs ist. Auch die Kräfte und Mächte, die Wiccas für ihre Hexentätigkeit nutzen, sind die Kräfte jener Natur, die uns überall umgibt und die alles durchzieht. Die Natur ist heilig und göttlich, in jedem Aspekt der Natur findet sich das Göttliche, ganz gleich, wie konkret oder abstrakt verschiedene Wicca-Strömungen die Frage nach „Gottheiten" dann auch betrachten mögen. Nur in der Natur, nur als Teil der Natur ist dem Wicca ein gutes Leben möglich und das bringt für den Lebensalltag natürlich so einiges mit sich. So sind Hexen zunächst einmal äußerst respektvoll gegenüber der Natur. Das heißt nicht, dass Sie Ihren künftigen Hexenzirkel auf Naturschutzdemos treffen werden oder Umweltschutzaktivismus Bestandteil des Hexenwesens wären, sondern zunächst einmal, dass jede/r Wicca in seinem täglichen Tun voller Achtsamkeit und Sorgfalt gegenüber der Natur ist. Kein Stören der Tierwelt, keine unachtsame Verletzung von Pflanzen, keine Verunreinigung, all das sind Selbstverständlichkeiten für Hexen, darüber hinaus spüren sie jedoch auch ein starkes Hingezogensein zur Natur. Ob am Ufer von Flüssen und Seen, in Wäldern, auf schönen Lichtungen, umgeben von Bergen, an besonderen Naturpunkten, wie etwa auffälligen Felsformationen oder einfach nur in der nächsten Wiese – eingetaucht in die Natur geht es Wiccas am besten und es ist der Zustand, den sie anstreben. Direkt aus der Natur kommt auch die Kraft, an die alle Wiccaner glauben.

Wiccas sind überzeugt, dass in jedem Menschen magische Kräfte schlummern und jeder das Potential hat, diese Mächte wachzurufen, zu erkennen und auch einzusetzen.

Manchen Menschen fällt der Zugang zur Magie sehr leicht, sie haben gewissermaßen einen intuitiven Zugang zu allem, was jenseits von Biologie und Physik in ihnen lebt, und manche sind auch in einem Umfeld groß geworden, das dieses Bewusstsein sich selbst gegenüber gefördert hat. Aber machen wir uns nichts vor: Im Mitteleuropa des 21. Jahrhunderts trifft das auf die meisten nicht zu. Die wenigsten von uns sind auf abgelegenen Bauernhöfen inmitten der Natur groß geworden und wohl die wenigsten können sich in ihrer Familie an Müttern, Tanten oder Großvätern orientieren, für die Hexenkräfte eine Selbstverständlichkeit sind. Die Hexen von heute müssen diese inneren Kräfte in aller Regel geduldig, langsam und mit viel Achtsamkeit in sich entdecken und der Weg dorthin kann lang sein, ist aber einzigartig berührend und spannend. Und keine Angst: Sie werden nicht alleine sein. Denn auch aus diesem Grund bestehen Hexenzirkel und Neulinge finden hier freundliche Aufnahme und geduldige Einführung in die Mysterien der eigenen Kräfte.

Ein zentraler Aspekt des Wiccatums, über den Sie selbst bei oberflächlicher Internetrecherche ganz sicher mehrfach gestolpert sind, ist die große Frage nach dem Geschlechterverhältnis. Nicht selten wird Wicca auch mit Feminismus in Verbindung gebracht und tatsächlich gibt es entsprechende Strömungen, grundsätzlich gilt aber:

Die Dualität des Männlichen und Weiblichen ist im Wicca heilig und der Ursprung aller schöpferischer Kraft und Energie.

Aus der ewigen Polarität entsteht Leben, entsteht Energie und Kreativität, speist sich der unendliche Kreislauf der Natur und daraus leitet sich ganz selbstverständlich eine Gleichberechtigung ab. Das eine kann nicht ohne das andere, das eine ist alleine nichts wert und so ist selbstverständlich eines nicht höher, wichtiger und wertvoller als das andere. Die Ausgewogenheit und das Gleichgewicht zwischen Männlichem und Weiblichem sind essenziell für das gesamte Universum und so ist auch der Blick der Wicca auf die Geschlechter ganz ausgewogen. Das spiegelt sich in der Regel auch in den einzelnen Coven wider, die optimalerweise aus weitgehend ausgewogenen Geschlechterverhältnissen zusammengesetzt sind. Geleitet werden sie dann traditionellerweise von einem Hohepriesterpaar, was zu einem weiteren Grundsatz führt:

Es gibt meist leitende Individuen, tatsächlich legt Wicca jedoch keinen Wert auf Hierarchien oder Machtstrukturen, sondern lehnt diese ganz im Gegenteil ab.

Besonders erfahrene, fähige und kundige Mitglieder übernehmen die Leitung, da bei der Organisation und vor allem der Durchführung von Ritualen bestimmte leitende Funktionen unverzichtbar sind, und sie genießen meist hohe Anerkennung für ihre reiche Erfahrung, um Machtstrukturen im hierarchischen Sinne geht es dabei jedoch nicht. Übrigens: Wer Hohepriester ist oder besondere Verehrung erfährt, der prahlt damit nicht – das ist im Wicca grundsätzlich verpönt. Auch einfache Mitglieder, die initiiert sind und also eine Art Hexentitel verliehen bekommen haben, gehen damit nicht in der Öffentlichkeit hausieren. Dabei geht es nicht darum, seine Eigenschaften und Überzeugungen geheim zu halten, sondern schlicht um das tatsächliche Ziel der Wicca: ein Leben im Einklang mit der Natur unter optimaler Verwendung der eigenen magischen Kräfte zu führen – Aufmerksamkeit oder Selbstdarstellung sind hier nicht nur vollkommen überflüssig, sondern ganz im Gegenteil ein Anzeichen dafür, dass der jeweilige Wiccaner es mit der eigentlichen Natur des Hexenwesens nicht sonderlich ernst meint, sondern tatsächlich andere Motivationen hat. Interessant ist auch die Frage nach der Sicht auf Religion. Wie Sie bereits wissen, wird auch Wicca formell als Religion eingestuft, und Sie haben auch erfahren, dass Akzeptanz und Toleranz eine tragende Rolle spielen. Wie aber schauen Wicca dann wohl beispielsweise auf die katholische Kirche, die ihrerseits schließlich keinen allzu wohlwollenden Blick auf das Hexenwesen hatte und hat? Die Antwort ist ziemlich einfach:

Feindselig sind Wiccas grundsätzlich auch gegenüber den großen Kirchen nicht.

Das Einzige, worin sie kompromisslos ablehnend sind, ist ein zentraler Punkt: Die Beanspruchung der Kirchen, die einzige Wahrheit und den einzigen richtigen Weg zu vertreten. Da die völlige Freiheit eines jeden Individuums, seinen Weg zu einem erfüllten Leben zu gestalten, das wohl höchste Prinzip des Wiccatums ist, so können Wiccaner diesem Alleinherrschaftsanspruch von Religionen wie dem Islam oder dem Christentum nicht ohne Widerspruch entgegentreten. Ein weiterer Grundsatz ist zwar eigentlich offensichtlich, gehört aber trotzdem genannt, denn er ist die Basis des wiccaschen Selbstverständnis:

Die Existenz von Spiritualität, Jenseitigem, Paranormalem, Magischem ist für Wiccas eine Selbstverständlichkeit, an die sie alle glauben und die sie im Alltag leben.

Magie existiert, würde ein Wicca sagen, und daran gibt es für gläubige Hexen keinen Zweifel. In welchem Ausmaß und Umfang sie existiert bzw. vom Menschen überhaupt gezielt angewendet werden kann, das unterscheidet sich zwischen den Strömungen und Gruppen, aber die bloße Existenz von Kräften, die über die Erklärbarkeit durch Physik hinausgehen, ist eine unwidersprochene Grundannahme. Und auch in einem weiteren Punkt sind Wiccas sich in der Regel einig:

Ob altgermanische Tradition oder korrekt übertragene mittelalterliche Rituale – die Frage nach dem tatsächlichen Ursprung ihres Hexenwesens ist für Außenstehende meist deutlich wichtiger als für die Hexen selbst.

Für sie zählt die Gegenwart, das Hier und Jetzt mit seinen Möglichkeiten und ebenso die Zukunft, die sie aktiv und möglichst positiv mitgestalten wollen. Ein letzter Punkt als einigender Faktor sollte ebenfalls nicht unerwähnt bleiben:

Das reine, absolute Böse – gar als Gegenmacht zum Guten wie einer Gottheit – existiert für Wiccas nicht.

Nach einem Teufel oder Satan werden Sie im Wicca-Glauben lange suchen, denn während das Christentum ohne den ewigen Gegenspieler Gottes als personifiziertes Böses nicht auskommen würde, glauben Hexen nicht an diesen Dualismus. Böses existiert, weil Böses von Menschen getan wird – den Satan braucht hierzu keiner.

VON ALEXANDRINISCHEN UND GARDNERISCHEN HEXEN – VERSCHIEDENE TRADITIONSLINIEN DES WICCATUMS

In den vorherigen Kapiteln klang bereits wiederholt an, dass „das" Wicca nicht existiert, sondern sich in einer Vielzahl unterschiedlicher Strömungen manifestiert. Das ist eine zwingende Folge aus dem Prinzip, dass eine zentrale Kirchenstruktur nicht existiert und freie Entfaltung und Gestaltung gewünscht werden. Und wenn man sich vor Augen führt, wie viele Wiccaner es mittlerweile gibt, kann man sich eine entsprechende Vielfalt gut vorstellen. Klar ist dann auch, dass es unmöglich ist, sämtliche Untergruppierungen in einem Buch wie diesem genauer zu beleuchten, aber es gibt einige Hauptlinien, deren Traditionen zahlreiche Coven weltweit folgen und mit denen auch Sie höchstwahrscheinlich in Kontakt kommen werden.

Zuerst sind hier die beiden Traditionen zu nennen, die in der Kapitelüberschrift aufgeführt wurden, das alexandrinische und das gardnerische Wicca. Benannt sind sie jeweils nach ihren Begründern und das gardnerische Wicca nach Gerald Brousseau Gardner kann man getrost als die Urform des modernen Wicca bezeichnen.

Gardnerisches Wicca: Der Ursprung

Das Spannende an seiner Geschichte: Gardner selbst gibt an, er sei in den sogenannten New Forest Coven initiiert wurden, einen Hexenzirkel in Südengland, was nichts anderes heißt, als dass Hexenzirkel schon ganz selbstverständlich existieren, bevor Wicca als Begriff sich überhaupt zu etablieren begann. Aus diesem Coven hat Gardner den Großteil der Traditionen übernommen, er gilt als Quelle des modernen Wiccatums und das gardnerische Wicca bildet zusammen mit dem alexandrinischen sowie dem Algard-Wicca das sogenannte Britisch Traditionelle Wicca (BTW). All diese Strömungen sind letztlich aus dem New Forest Coven hervorgegangen, jenem sagenumwobenen Hexenzirkel, in dem Gardner initiiert wurde.

Alexandrinisches Wicca: Gleichwertigkeit zwischen Männlichem und Weiblichem

Das alexandrinische Wicca geht schließlich auf Alex Sanders und seine Frau Maxime zurück, wobei Alex Sanders zunächst aus dem gardnerischen Wicca kam und schließlich seine „Seitenlinie" ins Leben rief. In dieser Tradition liegt ein ganz besonderes Augenmerk auf der Gleichwertigkeit zwischen Männlichem und Weiblichem und einzelne Erzählungen zu den Jahreskreisreisen des gehörnten, männlichen Gottes finden hier verstärkt in Ritualen Beachtung. Galt die neue Bewegung zu Beginn noch als abtrünnige Abspaltung, so hat sich das alexandrinische Wicca mittlerweile längst als weitverbreitete Strömung etabliert.

Algard-Wicca: Begrenzung von Macht und Einfluss der Hohepriester

Das Algard-Wicca wiederum vermischt im Wesentlichen Traditionen aus den beiden bislang genannten Linien und folgt einer weniger strengen Aufnahmepraxis. Besonders betont wird hier die Begrenzung von Macht und Einfluss der Hohepriester, indem die meisten Coven ein sogenanntes Konzil einrichten, das ihre Anführer berät.

Neben diesen drei Hauptlinien gibt es noch einige weitere, die ebenfalls zum BTW gezählt werden, aber im Hinblick auf Verbreitung und Mitgliederzahl weniger bedeutsam sind. Beispielhaft zu nennen wären hier etwa Blue-Star-Wicca, Seax-Wicca oder Whitecroft-Linie.

Blue-Star-Wicca: Walisische Praktiken

Blue Star zeichnet sich vor allem dadurch aus, dass es Elemente der überlieferten magischen Praktiken der walisischen Bevölkerung einfließen lässt, ansonsten ist es der Algard-Variante recht ähnlich. Besonderheiten sind etwa, dass der Altar rund ist und in der Mitte des Kreises, in dem Rituale praktiziert werden, liegt, außerdem spielen Gesänge eine große zeremonielle Rolle und werden von den meisten Coven verwendet.

Seax-Wicca: Schottisches Wicca – optische Gleichheit aller Mitglieder

Das Seax-Wicca entspricht dem schottischen Wicca, welches von Charles Clark gegründet wurde und in Raymond Buckland wohl seinen berühmtesten Vertreter hat. Er war es nämlich, der unter der neuen Bezeichnung Seax das Wicca nach Amerika exportierte und so zur Entstehung der heute zahlenmäßig größten Nationalgemeinschaft von Wicca-Anhängern beitrug. Auch hier arbeiten die einzelnen Coven mit Konzilen, wichtig ist zudem die optische Gleichheit aller Mitglieder. Ob einfacher Novize oder Hohepriester, die Kleidung ist dieselbe und betont somit die Gleichwertigkeit der einzelnen Hexen.

Whitecroft-Linie: Deutscher Wicca-Ursprung

Die Whitecroft-Linie ist insbesondere für deutsche Hexenanwärter interessant, denn die meisten deutschen Coven können letztlich auf diese Linie zurückgeführt werden. Auch weltweit ist die Strömung zahlenmäßig eine der größten, ursprünglich war Whitecroft nur der Name eines einzelnen englischen Coven, der von Madge und Arthur Whitecroft geleitet wurde, die ihrerseits der gardnerischen Linie entstammen. Inhaltlich wird sie oft dem Algard-Wicca zugerechnet und wer in Deutschland nach einer Hexenzugehörigkeit sucht, der wird mit großer Wahrscheinlichkeit mit dieser Linie zu tun haben.

All diesen Pfaden des BTW ist gemein, dass sie letztlich eine Art große „Familie" bilden, denn wer beispielsweise in einen alexandrinischen Coven initiiert wurde, kann später problemlos Mitglied in einem Seax-Coven werden oder etwa in gardnerischen Hexenverbindungen. Das gilt nicht für Strömungen außerhalb des BTW, wer hier Aufnahme gefunden hat, dessen Initiation ist in den traditionellen Coven nicht gültig, sondern nur in anderen Coven der gleichen Strömung – sofern hier überhaupt Initiation praktiziert wird. Nicht-traditionelle Varianten gibt es zahlreich, was kein Wunder ist, wenn man die weite Ausbreitung des Wicca betrachtet, und auch hier wollen wir nur einen kurzen Blick auf die wichtigsten und interessantesten werfen.

Ahnen-Wicca

Ahnen-Wicca, oft auch als hereditäres – also vererbtes – Hexentum bezeichnet, umfasst mehrere Pfade aus der Zeit, bevor Wicca sich offiziell formierte, und zum Teil lassen sich die Traditionen dieser Linien bis ins 11. Jahrhundert zurückverfolgen. Diese Traditionen kommen „modernen" Wiccas tatsächlich oft bekannt vor, denn schließlich hat Gardner den Großteil seiner Ideen und Praktiken aus genau einem dieser alten, bereits bestehenden Zirkel übernommen, die Mitglieder solcher Ahnen-Wicca-Verbindungen selbst jedoch würden sich kaum als Wicca bezeichnen. Für sie geht es um jahrhundertealte, oft von Generation zu Generation weitergegebene Hexentraditionen, die in aller Regel auch innerhalb der Familie bleiben. Eine größere Verbreitung oder die Aufnahme neuer Mitglieder stehen nicht im Interesse dieser traditionell überlieferten Varianten.

Dianisches Wicca

Erwähnenswert ist ebenfalls das Dianische Wicca, das tatsächlich oft im Zusammenhang mit ausgeprägten feministischen Gruppierungen auffällt und so nicht unerheblich das Bild der Öffentlichkeit von Wicca prägt. Der Feminismus steht hier auch wirklich im Zentrum des Glaubens, die Strömung ist geprägt von der Idee einer kraftvollen weiblichen Selbstermächtigung und verdankt ihren Namen der Tatsache, dass hier die Göttin Diana verehrt wird. Diana, muss man wissen, ist in der römischen Mythologie die Göttin von Jagd, Mond und auch Geburt, zudem wird sie als Beschützerin von Mädchen und Frauen gesehen – und nebenbei auch als Herrin der Hexen. Damit eignet sie sich natürlich hervorragend als Figur der Verehrung für feministisch geprägte Wiccas, denen die Unabhängigkeit und die Kraft der Frau zentrale Anliegen sind. Das Dianische Wicca gilt als sehr streng und Männer werden Sie dort kaum finden. Einzelne abgespaltete Gruppierungen haben zwar auch männliche Mitglieder, dem ursprünglichen Dianischen Wicca entsprechen sie damit jedoch nicht. An dieser Stelle sollte noch einmal betont werden, dass nicht jede Wicca-Strömung, die feministische Ansätze hat, dem Dianischen Wicca zuzurechnen ist, denn ganz im Gegenteil sind ja die Gleichberechtigung und die Gleichwertigkeit von Mann und Frau zentrale Elemente des Wicca überhaupt. Ganz nebenbei wird am Beispiel des Dianischen auch eine weitere Besonderheit des Wicca auffällig, mit der Sie noch öfter zu tun haben werden: Im Wicca werden je nach Strömung allerhand unterschiedliche Gottheiten verehrt, die anderen, schon bestehenden Religions- oder Mythologiesystemen entnommen sind. Das mögen keltische, germanische, ägyptische oder auch griechische Götter sein, die hier als selbstverständlicher Teil in den Wicca-Kult integriert werden.

Christliches Wicca

Im nächsten Beispiel geschieht das in recht unerwarteter Weise, erwähnenswert ist nämlich auch das Christliche Wicca. Was im ersten Moment als seltsamer Widerspruch erscheint, hat in den USA nicht wenige Anhänger, die hier christliche Glaubenselemente mit Wicca-Traditionen vermischen. In den USA ist das Christentum bis heute weit verbreitet, gleichzeitig ist man dort generell offener gegenüber neuen Interpretationen des Glaubens, was sich an den zahlreichen christlichen Strömungen zeigt, die sich in Europa so nicht finden. Auch Laienpriester oder lockere Gemeindezusammenschlüsse machen deutlich, dass hier eine gewisse Bereitschaft besteht, die christlichen Ideen nach Belieben zu erweitern und eben auch zu kombinieren, sodass es eigentlich keine Überraschung ist, auch eine christliche Variante von Wicca zu finden. Für die Anhänger selbst bestehen darin auch keine Widersprüche: So setzen sie Jesus mit der gehörnten männlichen Gottheit des Wicca gleich und sehen in Maria Magdalena die weibliche Mondgöttin.

Istari-Wicca

In Deutschland ebenfalls erwähnenswert ist das Istari-Wicca, das noch sehr jung ist und hierzulande entwickelt wurde. Die Grundlage dieser Strömung ist das „Buch der Schatten" von Alex Sanders und Coven dieser Art finden Sie hauptsächlich in Deutschland.

Celtsun-Wicca

Ein interessanter Fall ist das Celtsun-Wicca, eine Form des schamanischen Wicca. Denn hier werden gardnerische Elemente kombiniert mit Praktiken der amerikanischen Ureinwohner und die große Besonderheit des Celtsun besteht darin, dass indianische Medizinräder, die die Ordnung der Schöpfung abbilden, häufig Anwendung in Ritualen finden.

Keltisches Wicca

Die letzte Variante, auf die wir noch einen Blick werfen, ist das Keltische Wicca, das eigentlich eine Mischform im Neopaganismus darstellt. Wicca-Praktiken und -Philosophie, keltisch-irische Symbole und Traditionen sowie keltische Gottheiten wie Brigid oder Cernunnos werden hier zu einer Glaubensanschauung zusammengeformt, die noch eine weitere Besonderheit aufweist: Nicht selten wird hier der Mond als der männliche und die Sonne als der weibliche Anteil von Göttlichkeit betrachtet – also gerade andersherum, als man es im Wicca sonst kennt.

Neben diesen Linien, Traditionen und Strömungen existieren weitere Sonderformen, wie das Ägyptische Wicca, das Correllian-Wicca oder das Hellenistische Wicca, eine erschöpfende Aufzählung würde jedoch den Rahmen dieses Buches sprengen und wäre auch wenig zielführend. Denn worum es für Sie geht, ist, einen Überblick zu haben über die große Vielfalt an Gestaltungsmöglichkeiten des eigenen Wicca-Glaubens, und wenn Sie erst selbst in diese Welt eingetaucht sind, so werden Sie das, was für Sie relevant ist, Stück für Stück in der Praxis entdecken.

WAS WICCA NICHT IST

Ganz gleich, um welche Strömung es sich handelt, es gibt eine Reihe von Dingen, die Wicca nicht zugewiesen werden können – und einiges davon wird von Außenstehenden oft unterstellt. Machen wir uns an eine Klärung dessen, was Sie bei Wicca nicht finden werden bzw. nicht befürchten müssen, sodass Sie Ihre eigenen Erwartungen anpassen können und im Gespräch mit Dritten Vorurteile und Skepsis leicht abbauen können.

Erstens: Wicca ist keine Sekte.

Magische Rituale, Gemeinschaften, Hohepriester oder Initiationsriten – nicht wenige Menschen regieren mit einem heftigen Abwehrreflex, wenn sie davon hören. „Das ist doch genau das Muster von Sekten", wird nicht selten gesagt, Wicca hat jedoch mit einer Sekte nichts zu tun. Denn Sekten definieren sich über einige, ganz spezifische Merkmale, die sie schließlich so zerstörerisch machen können, und diese Merkmale treffen auf Wicca nicht zu. Kurz zusammengefasst lässt sich sagen: Sekten haben in der Regel strenge Hierarchien, Mitglieder müssen „nach oben" Folge leisten und es gibt eine oder mehrere Führungspersönlichkeiten, denen die Mitglieder absoluten Gehorsam schulden und die keineswegs kritisiert werden dürfen. Sekten nötigen und drängen ihre Mitglieder, sich der Gemeinschaft mehr und mehr zu verschreiben, verlangen oft den Abbruch bestehender Beziehungen, das Sich-Unterordnen in der neuen Gemeinschaft und nicht selten Geld und Vermögenswerte der Neulinge. Zudem predigen sie einen Glauben bzw. eine Weltanschauung, bei der darauf bestanden wird, im Besitz der einzigen und alleinigen Wahrheit zu sein, auf eine scharfe Trennung zwischen Sektenwelt und Außenwelt wird Wert gelegt, man wähnt sich selbst als erwählt und erleuchtet. Sekten üben zudem auf psychische und teils sogar physische Art Druck aus, um Mitglieder zum gewünschten Verhalten zu zwingen, und ein möglicher Ausstieg aus der Gemeinschaft wird so schwer gemacht, dass es vielen völlig unmöglich erscheint. Zudem herrschen strenge Verhaltensregeln, die auch überwacht werden und gegebenenfalls Strafen nach sich ziehen. Oft sind sie religiös, oft jedoch auch okkult-esoterisch, was für viele Menschen der Auslöser ist, bei Wicca einen solchen Hintergrund zu vermuten. Vor solchen Verbindungen reflexhaft zurückzuschrecken, ist zunächst einmal eine gesunde und schützende Reaktion, es lässt sich jedoch deutlich zeigen, dass hier beim Wicca keine Gefahr besteht: Zunächst gibt es keinerlei zentrale Organisation, keine Führung, niemanden, der Gehorsam einfordert oder dem nicht widersprochen werden darf. Auch wird kein Anspruch auf alleinige Weisheit erhoben, ganz im Gegenteil gesteht Wicca jedem Mitglied seinen ganz individuellen spirituellen Weg zu und sogar völlig ungebundenes Wiccatum ist möglich. Zentrale Lehren, ein Ablehnen der Außenwelt oder gar das Verdrängen bestehender Beziehungen werden Sie als Wicca ebenfalls nicht erleben und zu guter Letzt will auch niemand Geld von Ihnen oder Sie zu Verpflichtungen nötigen. Und wenn Sie keine Lust mehr haben sollten, dann hören Sie eben wieder auf. Was natürlich immer passieren kann, ist, dass Sie in einen Coven geraten, der die Wicca-Idee leider nicht besonders gut umsetzt und beispielsweise eine Leitung hat, die sich selbst wichtiger nimmt als sie sollte, bei dem von Ihnen mehr Engagement gefordert wird, als Sie einbringen möchten, oder andere Mitglieder sich einmischen in Ihre individuelle Spiritualität. Das hat dann weniger mit Wicca zu tun als mit dem Personenkreis, der sich da zusammengeschlossen hat, und von einem solchen Coven sollten Sie sich tunlichst fernhalten – unter anderem dazu dient die Regel von einem Jahr und einem Tag.

Eine weitere, oft fälschlich angenommene Verbindung ist die von Wicca und Satanismus.

Tatsächlich kommt die Optik mit Altären, Ritualen, Roben und bestimmten Symbolen vielen Menschen verdächtig satanistisch vor, das ist jedoch ein Irrglaube. Zwar werden teilweise gleiche oder ähnliche Zeichen verwendet, wie etwa das Pentagramm, Wicca hat jedoch mit dem Teufel nichts am Hut. Ganz im Gegenteil glaubt man dort, wie Sie bereits wissen, nicht einmal an das absolute Böse und die oberste Handlungsmaxime lautet: Niemandem Schaden zufügen – also ganz und gar nicht teuflisch. Manchmal wird Wicca auch mit Paganismus gleichgesetzt oder verwechselt, hier bedarf es einer kurzen Klärung: Paganismus bedeutet zunächst nichts mehr als „Heidentum", also das „nicht zu einer monotheistischen Kirche Gehören". In diesem Feld finden sich dann viele Naturreligionen und eine Strömung des Neopaganismus – also des Paganismus unsere Moderne – ist Wicca.

Infokasten: Paganismus

Paganismus bezeichnet zunächst einfach nur das „Heidentum" und bezieht sich klassischerweise auf die Kulturen, die vor dem Judentum bzw. Christentum existierten. Später dann nutzte man den Begriff oft abwertend, um sich von abergläubischen oder ungläubigen Menschen zu distanzieren. Wer jedoch heute von dem Wort „Paganismus" spricht – gerade im Kontext mit Wicca oder vergleichbaren Strömungen –, der meint damit in der Regel eigentlich den Neopaganismus. Dieser umfasst viele unterschiedliche Strömungen, von denen Wicca nur eine ist. Die meisten Strömungen beziehen sich auf alte Glaubens- und Kulttraditionen aus vorchristlicher Zeit, haben allerdings mit den jeweiligen Originalen teils nicht mehr viel gemeinsam. Auch voneinander unterscheiden sie sich sehr stark, ein paar Gemeinsamkeiten sind:

– nichtchristliche Überzeugungen,
– meist ausgeprägt naturreligiöse Züge, also Glaube an Kraft und Macht im großen Ganzen der Natur,
– unterschiedliches Götterpantheon, je nach Ursprungstradition,
– Zusammenschluss in Gemeinschaften, Zirkeln oder Ähnlichem, Durchführen von Ritualen und Festlichkeiten.

Einige Beispiele neopaganer Strömungen sind etwa
– Ásatrú oder Odinismus, die sich auf altgerman. Ursprünge beziehen,
– modernes Druidentum, das sich auf keltische Vorbilder stützt,
– Mexicayotl, in Rückbezug auf aztekische Traditionen.

Dies sind nur ein paar beliebige Strömungen, die illustrieren, dass in vielen Teilen der Welt neuheidnische, also neopagane, Kulte existieren, die ihre jeweiligen antiken Vorbilder haben. Darüber hinaus werden zum Neopaganismus auch neu entwickelte Strömungen wie etwa Wicca oder die „Gaia-Religion" mit ihrer ausgeprägten Göttinnenverehrung gezählt. Vorsicht auch mit den Begriffen: Paganismus bedeutet letztlich „Heidentum" und Neopaganismus „Neuheidentum" und diese Worte wurden jahrhundertelang stark abwertend benutzt. Auch heute fühlen sich viele Anhänger entsprechender Strömungen beleidigt, wenn sie als Heiden bezeichnet werden, viele andere hingegen nutzen den Begriff längst wertfrei und auch als Selbstbezeichnung.

WORAN GLAUBEN WICCAS?

Die modernen Hexen unserer Zeit, über die wir nun schon so einiges gehört haben – woran genau glauben sie eigentlich? Diese vielleicht wichtigste Frage von allen ist zugleich ganz einfach und ziemlich schwer zu beantworten. Denn es gibt zentrale Glaubenselemente, die wirklich universal sind und von allen Strömungen geteilt werden, die genaue Auslegung jedoch ist so individuell wie die Coven zahlreich sind und vor allem – wie es Religion nun einmal grundsätzlich zu eigen ist – nicht einfach mit wenigen Sätzen und scheinbar widerspruchsfrei zu erklären. Wicca ist eine erlebnisorientierte Glaubensrichtung, das bedeutet, die wahren Mysterien, die Kraft, die Geheimnisse der Mächte und die Erkenntnisse erschließen sich erst beim Praktizieren und erfahrene, langjährige Hexen werden sofort zugeben, dass auch sie immer noch neu entdecken, erfahren und begreifen. Doch irgendwo muss angefangen werden und das geht auch sehr einfach und instinktiv, denn Grundsätzliches lässt sich erklären und das wirklich Entscheidende liegt ohnehin in Ihnen – je mehr Sie sich mit dem Thema beschäftigen, desto besser werden Sie die magischen Kräfte in Ihnen selbst spüren und kennenlernen.

DIE GÖTTERWELT DER WICCAS

Wenn Sie schon einmal ein wenig kreuz und quer gelesen haben, dann sind Sie ganz bestimmt wiederholt auf die große Dualität von Göttin und Gott gestoßen. Möglicherweise haben Sie auch andere Götternamen gehört, die Ihnen vielleicht sogar bereits bekannt waren – allerdings aus ganz anderem Kontext. Die römische Diana taucht auf, der griechische Pan, sogar Shakti und Shiva aus dem Hinduismus werden genannt und als interessierter Außenstehender stellt man sich die Frage: Wie passt das denn bitte alles zusammen? Die Antwort darauf ist so vielschichtig wie spannend und berührend und ihr wollen wir als Erstes auf den Grund gehen. Der große Dualismus von Göttin und Gott ist universell. Egal, welche Hexe Sie befragen, es ist die Polarität des weiblichen und männlichen Göttlichen, aus der letztlich der gesamte Kosmos besteht. Nähern wir uns diesem wichtigen Phänomen des großen Glaubensgeheimnisses der Wiccas zunächst von der einfachsten Seite an.

Es herrscht die Vorstellung von einer Göttin, auch dreifache Mondgöttin oder Muttergöttin genannt, die sich in drei Aspekten präsentiert: die Jungfrau, die Mutter und die alte Weise. Sie steht für den Mond, ihr Symbol ist ein zunehmender Mond links, angelehnt ein runder Vollmond und daran wiederum angelehnt die abnehmende Mondsichel – Zeichen nicht nur des monatlichen Mondrhythmus, sondern des ganzen Jahres.

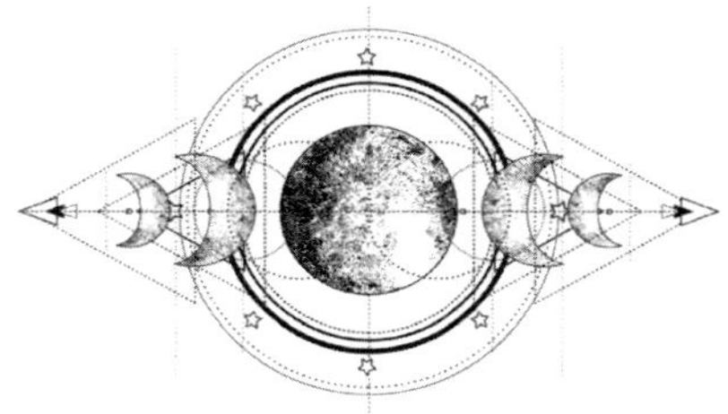

Denn der gesamte Lauf des Jahreskreises vollzieht sich entlang ihrer Veränderung und sie steht nicht nur für den Verlauf der Jahreszeiten, sondern auch des ganzen Lebens, von der Geburt bis hin zum Tod. Im Frühling mit seinem erwachenden, erblühenden Leben und der noch jungen frischen Lebenskraft in allen Pflanzen und der gesamten Natur sehen wir die Göttin als Jungfrau bzw. als Mädchen, als junge Frau. Wir stellen sie uns als jagendes Mädchen vor, das Bild einer Amazone klingt hier an, sie ist die pure, reine Energie und Lebenskraft der Jugend. Mit dem Sommer wandelt sich die Göttin hin zur Mutter und damit zum Inbegriff der Fruchtbarkeit, wie sich auch später mit Blick auf Ihren Gefährten, den Gott, noch zeigen wird. Felder, die in reicher Pracht stehen, Früchte, die heranwachsen und von üppiger Ernte und reichem Leben künden, sind die Zeit der Muttergöttin, die aber gleichzeitig eine ausgeprägte erotische Macht verkörpert, die bei allen Pflanzen und Tieren, zu Land, im Wasser und in den Lüften, die Kraft der Vermehrung, der Fruchtbarkeit und der Erschaffung neuen Lebens darstellt. Mit der Ernte im Herbst, dem langsamen Verblassen des sprudelnden Lebens in der Natur und dem Sich-Neigen der ganzen Welt zum Schlaf des Winters wird die Göttin schließlich zur Greisin, zur weisen Alten.

Hier verkörpert sich das abnehmende Leben, das Annähern an den Tod, aber eben nicht nur im bedrückenden Hinblick auf Vergänglichkeit: Denn die Göttin ist keine kränkelnde, traurige Alte, nein, sie ist der Inbegriff der Weisheit, des umfassenden Wissens, das nur durch den Lauf der Zeit und die Erfahrung gesammelt werden kann. Sie weiß um den Tod und um die Vergänglichkeit, aber in ihr liegt zugleich auch Trost, denn ebenso weiß sie um das große Geheimnis des ewigen Kreislaufs des Lebens und um das Wiederauferstehen, das große Neuerwachen allen Lebens nach dem Winter.

Sie weiß, dass ein neuer Frühling kommen wird und dass die Lebendigkeit dann ebenso frisch und reich hervorsprudeln wird, wie sie es im vergangenen Jahr getan hat, immer schon getan hat und auch künftig immer wieder tun wird. Und sie weiß ebenso gut um die Notwendigkeit des Todes, der Pause, des kompletten Einfrierens allen Lebens im Winter – kein Neuanfang ist möglich ohne ein Ende und der ganze Kosmos ist nichts anderes als ein ewiger Kreis. Die Göttin ist also der Inbegriff des Lebens – aber das ist sie nicht allein. All diese Aspekte, mit denen sie uns durch den Jahreskreis führt, könnte sie nicht darstellen und vollziehen ohne ihren Begleiter, der ihr zur Seite steht und sie mit seinem männlichen Prinzip komplettiert: der Gott (Cernunnos).

Denn die Göttin gibt und spendet Leben, aber es muss auch empfangen und gezeugt werden – und das ist nun die Rolle, die dem Gott im ewigen Kreislauf des Lebens zufällt. Er wird auch der gehörnte Gott genannt, auf Darstellungen sieht man ihn oft als Mann mit Hörnern, manchmal auch mit Hufen, und die Bezeichnung Sonnengott ist ebenfalls üblich: Denn so wie der Mond das Symbol der Göttin ist, so ist die Sonne seines. Er wird als dreifacher, manchmal auch als zweifacher Gott betrachtet und gilt als Herr aller wilden Tiere auf dem Planeten, zugleich ist er als das Jahr durchstreifender Gott auch der Gott der Suche, des Strebens und der Erkenntnis. Seine Kraft ist der Gegenpol zur mütterlichen, fruchtbaren Kraft der Göttin, in ihm steckt das starke männliche Prinzip, die Zeugungskraft, das Schöpferische. Auch er durchläuft im Jahr verschiedene Phasen: Geboren wird er als jugendlicher, freier und wilder Gott im Winter von der Muttergöttin und erlebt im Frühling seinen Eintritt in die Jugend, sodann heiratet er in einer heiligen Zeremonie die jungfräuliche Göttin. Im Sommer vereinigt sich das Liebespaar, sodass er im kommenden Frühling – gezeugt aus sich selbst – wiedergeboren werden kann. Mit dem sich neigenden Herbst steckt der langsam alternde Gott all seine Kraft in die reiche Ernte, die dann auf der Erde eingefahren wird, und er wird schwächer und schwächer, bis er schließlich stirbt. Auch hierin liegt ein tiefer, unverzichtbarer Sinn: Denn in seinem Tod wird er Herrscher über Sommerland, wie im Wicca das Jenseits genannt wird. Zudem beschützt er in der Dunkelheit des Winters die Menschen auf der Erde, um schließlich als junger Gott wiedergeboren zu werden. Auch hier wird der unendliche und unvermeidliche Kreislauf aus Leben und Sterben deutlich: Ohne seinen Tod könnte er nicht wiedergeboren werden, ohne den Zerfall alles Alten und die stille, kalte, leblose Zeit des Winters wäre im Frühjahr kein neues Erblühen des Lebens möglich.

Diese berührende und schöne Erzählung von der Ewigkeit allen Seins im Kosmos hinterlässt allerdings auch einige Fragen, die für Verwirrung sorgen können. Gibt es nun eine Göttin oder drei, wie kann der Gott aus sich selbst gezeugt werden und wie passt das alles überhaupt zusammen? Fragen – das sollte gleich zu Beginn gesagt werden –, die sich nicht vollständig beantworten lassen, denn dabei begeben wir uns tief in den Raum der heiligen Mysterien einer Religion hinein. So wie auch im Christentum nach einer mehr als zweitausend Jahre langen Geschichte Geheimnisse des Glaubens als dem Menschen nicht zugänglich betrachtet werden, so sind auch die tiefsten Geheimnisse im Wicca letztlich Dinge, die erfahren, erahnt und gespürt werden müssen. Trotzdem kann man sich ein wenig Klarheit verschaffen, um einen guten Ausgangspunkt für die eigene spirituelle Reise zu schaffen.

Die drei Göttinnen sind alle Aspekte einer Göttin. Das heißt, es gibt eine Göttin, aber sie tritt in unterschiedlicher Gestalt auf und vermischt dabei auch ihre Anteile, wenn man etwa bedenkt, dass sie gleichzeitig die gebärende Mutter des Gottes und seine jugendliche Geliebte und die Ehefrau ist, die von ihm in der Zeugung die Frucht seiner zukünftigen Geburt empfängt. Sie ist eine und zugleich drei – etwas, das man mit der Dreifaltigkeit auch aus dem Christentum kennt, wo Vater, Sohn und Heiliger Geist eines sind und doch drei. Auch hier werden Priester Ihnen sagen, dass das wahre Verständnis der Dreifaltigkeit eines der Glaubensmysterien ist, die der menschliche Verstand nicht vollkommen begreifen kann, und nicht anders ist es mit der Göttinnengestalt: Sie ist Erfahrungsweisheit, Symbol, Orientierung und Geheimnis zugleich. Es ist nicht möglich und vor allem auch nicht notwendig, die drei Aspekte scharf voneinander zu trennen oder in eine logische Aufteilung zu bringen, denn darum geht es bei der Göttin nicht. Das Gleiche gilt natürlich für den Gott, der in seinem Wandel über die Jahreszeit hinweg stets ein anderer und doch immer ein und derselbe ist.

Tatsächlich wird es noch faszinierender: Gott und Göttin – sind das überhaupt zwei? Tatsächlich wird auch dieser Dualismus keinesfalls so klar betrachtet, ganz im Gegenteil nehmen viele Wiccas die beiden Gottheiten eigentlich als etwas ganz anderes wahr, nämlich als den männlichen und den weiblichen Aspekt von einem großen Ganzen. Damit werden sie in erster Linie zu einem großen, mächtigen Symbol für das Leben an sich und die immense Bedeutung beider Anteile wird betont, was übrigens auch in anderen Kulturen keineswegs unbekannt ist: Yin, das weibliche, passive, ruhige, weiche, empfangende Prinzip, und Yang, das männliche, aktive, bewegte, harte Prinzip oder auch die komplementären Götterfiguren von Shiva und Shakti im Hinduismus.

Beide Prinzipien oder Aspekte bedingen einander, hängen voneinander ab, machen einander erst möglich und sind die unverzichtbare Polarität, aus der überhaupt erst Leben und Energie geboren werden können. Das ganze Universum, die Natur, jedes Lebewesen und jede noch so kleine Regung sind ohne diese zwei einander bewegenden Pole nicht denkbar und sichtbar wird dies auch im Menschen. Als Mann und Frau sind sie in der Lage, neues Leben hervorzubringen, und gleichzeitig gibt es auch in jedem Menschen weibliche und männliche Persönlichkeitsanteile zugleich. Damit muss man nicht auf Konzepte wie Transidentitäten zurückgreifen, sondern man kann einfach einmal den aufmerksamen Blick nach innen richten und sich fragen: In welchen Anteilen meiner Persönlichkeit, in welchen Aspekten meines Lebens dominieren männliche bzw. weibliche Prinzipien? Wann bin ich weich, sanft und passiv, wann dominant, stark und nach vorne gerichtet?

Die Dualität von Gott und Göttin ist letztlich eine Hilfe für den Menschen, die ewige und unausweichliche Dualität dieser zwei Mächte zu begreifen und ihre Energie schließlich auch gezielt für sich nutzen zu können. Das erklärt eine weitere Besonderheit des Wicca, die auf den ersten Blick unverständlich erscheint: Man kann als Wicca an viele Gottheiten glauben oder an zwei oder an einen oder – überraschend – auch an keinen einzigen. Denn viele Hexen betrachten Gott und Göttin nicht als konkrete, tatsächliche Gottheiten bzw. Wesen, sondern sie nehmen sie vor allem als das eben Beschriebene wahr, als eine Verkörperung der heiligsten Prinzipien des Lebens, die als greifbare, anwendbare Symbole dem Menschen ermöglichen, sich seiner magischen Energien bewusst zu werden und sich immer stärker im Einklang mit dem großen Ganzen der Natur wahrzunehmen. Sie folgen in ihrem Glauben dem Holismus, was bedeutet, dass letztlich alles, was existiert, ein großes Ganzes, eine einzige Einheit ist und jeder Mensch, jedes Tier, jede Pflanze, jeder Fluss, jedes Gestirn, also alles, was es gibt, miteinander verbunden ist und sich aus derselben ursprünglichen, urgöttlichen Energie speist.

Diese Überzeugung ist das tatsächliche Glaubensfundament des Wicca und Gott und Göttin dienen darin als die greifbare Verkörperung dieses gesamten Prinzips. Es gibt zwar auch Wiccas, die ihre Gottheiten als konkrete Gestalten begreifen und damit schließlich – je nach Auffassung – an einen oder an zwei Götter glauben. Und an viele Götter? Auch das ist möglich, entweder erneut als Prinzipienverkörperung oder in Einzelfällen als wirklich existierende Göttergestalten. Die Götter, die dann auftauchen, entstammen anderen Kulturen und Glaubenssystemen und werden meist in Gott und Göttin integriert. Für viele Hexen gilt der Satz, „Alle Götter sind ein Gott und alle Göttinnen sind eine Göttin", der besagt, dass zwar andere Gottheiten namentlich auftauchen können und auch ganz gezielt Verehrung und Achtung erfahren, aber auch diese letztlich als Identifikationsvarianten von Gott und Göttin genutzt werden, um etwa einzelne Aspekte besonders hervorzuheben.

Dies folgt meist entweder den persönlichen Anliegen und Vorstellungen einzelner Gläubiger oder entspricht der Ausrichtung eines Coven, dessen Mitglieder damit verstärkt an ihren individuellen spirituellen Zielen und Wegen arbeiten. Viele Wiccas wählen sich eine ganz persönliche Gottheit aus, deren Geschichte in ihrem Leben eine besondere Rolle spielt, die sie als inspirierend empfinden oder die sich durch Eigenschaften auszeichnet, die dem jeweiligen Wicca ganz besonders am Herzen liegen.

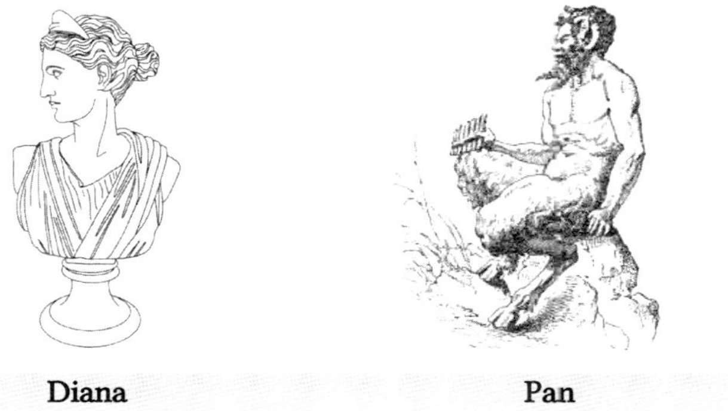

Diana **Pan**

Ein Beispiel sind Diana und Pan, die in der Dianischen Tradition sehr ins Zentrum gerückt werden, wovon Sie bereits gelesen haben.

Im Seax-Wicca hingegen spielen oft Freya und Odin eine große Rolle, die der alten nordisch-germanischen Mythologie entstammen. Freya wacht hier über die Ehe und die Liebe, wohingegen Odin komplexer auftritt: So ist er zum einen Kriegs- und Totengott, hat aber auch eine ganz andere Seite als Patron von Dichtung, Magie und auch Ekstase, womit er sich als Projektionsgestalt für Wiccas natürlich ganz besonders anbietet.

Odin Freya

Hekate und Pan aus der griechischen Mythologie, Isis und Osiris aus dem alten Ägypten und sogar die hinduistischen Gottheiten Shiva und Shakti werden manchmal verehrt, prinzipiell ist die Hinwendung an jede Gottheit, ganz gleich, welchen Ursprungs, möglich.

Hekate Isis

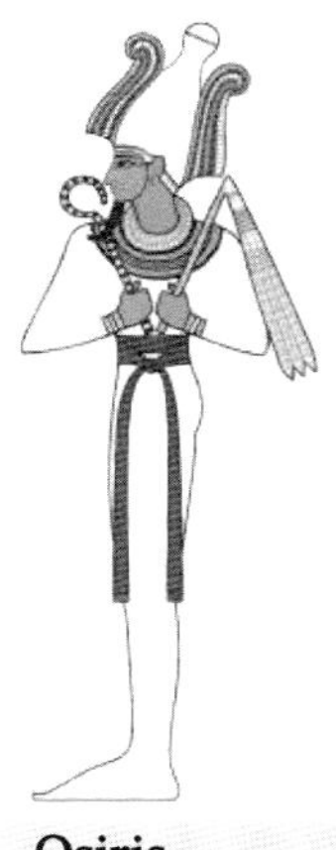
Osiris

Shiva und Shakti

Aber auch hier gilt, dass diese Gottheiten in der Regel als Ausprägungen oder Aspekte von jeweils Gott und Göttin gesehen werden, denen man sich eben besonders widmen möchte oder deren Eigenschaften einem besonders inspirierend erscheinen. Manche Coven verehren auch ein ganzes Götterpantheon, also alle Gottheiten eines bestimmten mythologischen Systems. So könnten beispielsweise sämtliche Götter und Göttinnen der alten griechischen Mythologie verwendet werden oder all jene, die dem keltischen Pantheon entstammen.

Zu ihren Göttern – welche auch immer es dann sind – haben Wiccas übrigens ein ganz anderes Verhältnis, als man es beispielsweise vom Christentum kennt. Die Hexen betrachten sich als auf einer Ebene mit Gottheiten stehend, es sind gleichberechtigte Gestalten, denen man keinerlei Demut oder Unterwerfung schuldet. Anbetung, Bitte um Vergebung von Sünden, Selbstabwertung im Angesicht des Göttlichen werden Sie im Wicca nicht finden, eine solche Form der Verehrung, wie sie etwa das Fundament des Christentums bildet, empfinden Wiccaner als unpassend und unangemessen.

MAGIE, NATUR UND WIEDERGEBURT – ZENTRALE ELEMENTE DES WICCA-GLAUBENS

Die Frage nach den Glaubensinhalten des Wicca erschöpft sich natürlich nicht in der Frage nach den Gottheiten, sondern umfasst zahlreiche weitere wichtige Punkte, die letztlich die gesamte Vorstellung vom Leben und der Welt erklären. Und ein Punkt, der sich bei den Erzählungen von Gott und Göttin bereits angedeutet hat, ist die Frage nach einem Leben nach dem Tod. Der Gott wird jedes Jahr wiedergeboren, aber was ist mit den Menschen? Getreu dem ewigen Kreislauf aus Leben, Vergehen, Sterben und Geborenwerden sind Wiccas auch von der Wiedergeburt überzeugt. Sie glauben an die **Reinkarnation**, wie das etwa auch Buddhisten und Hindus tun, allerdings mit völlig anderem Blick auf die Sache. Denn während im Fernen Osten die ewige Wiedergeburt als fürchterlicher Fluch gilt, die nichts als Leid um Leid erzeugt und hoffentlich eines Tages durch ausreichende spirituelle Entwicklungsarbeit überwunden werden kann, sehen Wiccaner in dem unendlichen Kreislauf nichts Schlechtes, ganz im Gegenteil. Er gilt ihnen als heilig, als der natürliche Lauf der Dinge, als die wünschenswerte Teilnahme am immer fortwährenden Kreis der Natur – es gibt also keine Bemühungen, ihn zu überwinden.

Allerdings sehen auch Hexen die Anstrengung, die im dauerhaften Wiederkehren und erneuten Erleben liegt, und deshalb gibt es im Wicca-Glauben einen ganz besonderen Ort: **Sommerland**, jenes bereits erwähnte Jenseits, über das der Gott herrscht und in das er am Ende jeden Jahres selbst eingeht. In jenes Sommerland gelangt auch der Mensch nach seinem Tod und gläubige Hexen haben von diesem Ort eine durchweg positive, angenehme Vorstellung. Manche Wiccas beschreiben es als ein Land, in dem immer schönster Hochsommer herrscht, mit üppigen Blumenwiesen und warmem Sonnenschein und an dem der Mensch kein Leid, keinen Schmerz, keinen Kummer und keine Angst kennt. Andere betrachten es etwas abstrakter als eine Art Nicht-Ort, der sich vor allem durch die Abwesenheit von allem auszeichnet, also ebenfalls frei von allem Negativen, jedoch auch von Positivem – einfach durch einen vollständig neutralen Zustand, der der Seele nichts abverlangt.

Sommerland hat keinen konkreten Ort, es liegt an keiner bestimmten Stelle wie etwa eine Unterwelt, sondern existiert außerhalb von allem unter dem Schutz des gehörnten Gottes. Dort finden die Seelen Verstorbener Zeit, sich auszuruhen und zu erholen von den Anstrengungen des Lebens, bevor sie schließlich, frisch gestärkt, erneut geboren werden, um ein weiteres Leben auf der Erde zu beginnen.

Und was ist mit **Karma**? Gibt es bei den Wiccas nicht, zumindest nicht in der Form, in der fernöstliche Wiedergeburtglauben sich das vorstellen. Die Idee, für eigene Verfehlungen im künftigen Leben durch Wiedergeburt in niedriger Stellung bestraft zu werden, ist den Wiccas fremd, sie lehnen die Idee ab, dass jedes Unglück, das einem widerfährt, letztlich die Quittung für frühere Fehler seien. Zwar gilt bei ihnen die Dreierregel (Sie erinnern sich: Alles, was man tut, kommt dreifach auf einen zurück), diese wird aber nicht als karmische Schuldanhäufung verstanden, die sich in einer Art ewigem, nicht zu entkommendem Schicksal zeigt, sondern zielt auf die Verantwortungsübernahme bei der Ausübung von Magie ab: Tue nichts Böses, es wird sich nicht lohnen, sondern ganz im Gegenteil vielfach rächen. Denn bei Wicca stehen Eigenverantwortlichkeit und freie Entscheidung ganz zentral im Vordergrund, Vorbestimmung durch Schicksal oder ähnliche „Ausreden" finden keinen Platz. Übrigens kann man sich auch mit gesundem Menschenverstand allein bereits gut vorstellen, dass ein Prinzip wie die Dreierregel ganz ohne Magie und Zauber zutreffend ist: Malen Sie sich nur einmal einen Fall aus, in dem Sie vorsätzlich Falsches tun, etwa eine Lüge über eine Kollegin erzählen, um selbst Vorteil daraus zu ziehen. Meist fliegt ein solcher Versuch nach kurzer oder auch etwas längerer Zeit auf und die dann in Gang kommende Kette aus Reaktionen übersteigt schnell um ein Vielfaches den kurzfristigen Nutzen: Vertrauensverlust, Kollegen, die sich abwenden, Versetzung oder Kündigung und der unangenehme Alltag unter Menschen, die in einem fortan nur noch den Lügner sehen. Es ist also ganz klar: Das Böse kommt zu einem zurück, Karmakonzepte sind dafür nicht nötig.

Über einzelne Glaubensaspekte wie Götter und Jenseits wissen Sie nun schon Bescheid und so ist es an der Zeit, sich endlich an das Gesamtbild heranzuwagen: die Sache mit der **Natur** und ihren Kräften. Denn im Kapitel über die Gottheiten ist bereits angeklungen, dass alle Göttinnen und Götter – ganz gleich, welche nun im Einzelfall verehrt werden – eigentlich eher als Repräsentanten zu verstehen sind, als Symbole, als greifbare Instanzen für etwas, das viel tiefer geht und der eigentliche Urgrund allen Wicca-Glaubens ist. Auch diesem Mysterium kann die Theorie sich nur annähern, hier zählt noch mehr als sonst das Wissen, das sich aus Erleben und Erfahren ergibt, trotzdem können die Grundzüge erläutert werden.

Die Grundlage aller Wicca-Überzeugungen ist eigentlich der **Holismus**, die Ganzheitslehre, also der Glaube daran, dass letztlich alles in einer einzigen großen Einheit miteinander verbunden ist. Vom Stein über Planeten bis hin zu Blüten, Menschen, Toten, Lebenden, Wasser, Licht, Tieren und allem, was es gibt, alles ist eine große Einheit und untrennbar miteinander verwoben. Die Natur, das, worin wir alle gebettet sind, gilt als heilig und sie ist es, woraus der Mensch seine Kraft, seine Lebensenergie und schließlich auch seine magischen Kräfte zieht. „As above, so below", so lautet eine der zentralen Überzeugungen des Wicca, „Wie oben, so auch unten" also, was nichts anderes bedeutet, als dass sich in jeder noch so kleinsten Einheit die gleichen göttlichen **polaren Prinzipien** offenbaren, die gleiche große Ordnung, ganz egal, ob man sich das Innere eines Blütenblattes ansieht, die Energie, mit der ein Panther auf die Jagd geht, die Beziehung zwischen Liebenden oder der große Zusammenhang der Gestirne des Kosmos. Die ewige Dualität und die Kraft kommen aus der Natur, sind überall in der Natur und formen die größten wie die kleinsten Systeme und Objekte in unserer Welt. Diese Polarität im Ursprung, die ewige Lebendigkeit, die sich aus den zwei Gegenpolen des weiblichen und des männlichen Prinzips speist, ist heilig und damit Antriebskraft aller wiccaschen Lebensgestaltung und alle Gottheiten und Rituale, die deren Verehrung dienen, haben letztlich das Ziel, diese Polarität fassbar, begreifbar und erlebbar zu machen – denn das abstrakte Verstehen dieser ewigen, heiligen Ordnung fällt dem Verstand des Menschen naturgemäß unfassbar schwer.

Dieses große Ganze gilt es, im Hinterkopf zu behalten, wenn wir uns als Nächstes der vielleicht spannendsten und auch umstrittensten Frage widmen: Wie ist das eigentlich mit der **Magie**? Hier lohnt sich ein genauer, umfassender und auch offener Blick, denn es gibt wohl kaum einen Aspekt des modernen Hexentums, der für so viele Missverständnisse und Falschannahmen sorgt wie die unterschiedlichsten Vorstellungen der Menschen rund um Zauberei, Magie und Wundertätigkeit.

Die Vernunft des 21. Jahrhunderts sagt zunächst: „Magie ist Aberglaube" und meint damit in etwa: „Das ist einfach nur Unsinn." Also muss als Erstes eine Antwort auf die Frage gefunden werden, was denn eigentlich Aberglaube wirklich ist, und da wird es bereits interessant: Man kann **Aberglaube** ganz einfach definieren als den Glauben an Mächte oder Kräfte, die vom Großteil der Bevölkerung als unsinnig angesehen werden, oder aber auch als Glaube an etwas, das nicht dem vorherrschenden Glaubenssystem entspricht. In jedem Fall spielt das Umfeld des vermeintlich Abergläubenden eine Rolle: In einer Gesellschaft etwa, die fest von der Existenz von Waldgeistern überzeugt ist, wird niemand des Aberglaubens bezichtigt, wenn er beispielsweise in den Wald geht und an einem Baum mit Opfergaben um Beistand bittet. Tut derjenige das etwa in Hannover oder Stockholm, so wird seine Überzeugung vermutlich von den meisten Menschen als abergläubisch wahrgenommen. Eine Ebene komplizierter wird es, wenn man andere, vorherrschende Glaubenssysteme mit in die Rechnung nimmt: In einer Gesellschaft voller überzeugter Katholiken gilt als abergläubisch der, der an einen anderen, „falschen" Gott glaubt oder auch etwa an Naturgeister oder Hexenkünste. Spricht man hingegen mit Atheisten, so hängt auch jeder der gläubigen Katholiken einem Aberglauben an – wenn auch einem weithin akzeptierten.

Die Wissenschaft tut sich deshalb bis heute mit einer klaren Abgrenzung recht schwer, denn selbst, wer streng logisch vorgehen möchte, der stößt irgendwann in Bereiche vor, an denen Grenzen verschwimmen, nämlich dann, wenn Aspekte wie Psyche und Spirituelles ins Spiel kommen. Hier treten Phänomene auf, die zwar wissenschaftlich beobachtet werden können und deren Existenz sich belegen lässt, die jedoch auf den ersten Blick nicht logisch erscheinen.

Nehmen wir zur Veranschaulichung einmal ein bekanntes Phänomen zur Hand, den Placebo-Effekt. Es gibt reihenweise medizinische Studien, in denen Menschen „Medikamente" verabreicht werden, die gesichert keinerlei Wirkstoff enthalten und doch zu Veränderungen im Krankheitsbild führen. Besonders beeindruckend ist etwa eine Metaanalyse von Wissenschaftlern des Freiburger Universitätsklinikums, die 13 Studien systematisch auswerteten und belegen konnten, dass der

Placebo-Effekt sogar dann wirken kann, wenn die Probanden darüber aufgeklärt sind, ein Placebo zu erhalten. Und auch das Bundesministerium für Bildung und Forschung veröffentlichte ein Interview mit der Schmerzforscherin Dr. Ulrike Bingel, die bestätigt, dass im praktischen Klinik-Alltag etwa die Hälfte der Patienten auf Placebo-Wirkung anspricht. Placebo wirkt also – nicht zwingend, nicht bei allen, aber das Phänomen existiert und aus rein biologischer oder chemischer Sicht ist das nicht erklärbar.

Nun ist die Wissenschaft längst so weit, hier einen Schritt weiterzugehen und etwa psychologische Wissensdisziplinen mit ins Boot zu holen, die dann plausible Erklärungen anbieten: Alleine die Erwartung, einen Wirkstoff verabreicht zu bekommen, bereits vielfach gemachte Erfahrungen mit dem tatsächlichen Wirkstoff, die Aufmerksamkeit des behandelnden Arztes – diese und weitere Faktoren führen dazu, dass Menschen offensichtlich in ihrem Hirn Prozesse auslösen können, durch die sie dann letztlich „aus sich selbst heraus" zu einer Verbesserung ihrer Symptome oder sogar zur Heilung gelangen. Hokuspokus? Sicher nicht, denn ganz augenscheinlich funktioniert es, aber eine physikalische Formel wird Ihnen dafür niemand präsentieren können. Die Erklärung wiederum, die es ja gibt, reicht tief hinein in allerhand psychische Vorgänge, deren Logik man zwar gut nachvollziehen und teils sogar mit MRT oder Ähnlichem untermalen kann, bei deren Erläuterung man aber auf Vorstellungen, Bilder und Konzepte zurückgreifen muss – und das zeigt recht deutlich: Da kann noch einiges mehr zu finden sein. Und schließlich ist der Placebo-Effekt nur ein Beispiel für Phänomene, die sich eindeutig beobachten lassen, für deren Herleitung man jedoch tief in die Kiste der Psyche greifen muss und bestenfalls plausible Theorien bieten kann, eine präzise Beschreibung oder Erklärung jedoch schuldig bleibt. An dieser Stelle lässt sich nun hervorragend eine Brücke schlagen zu der Magie, von der im Wicca gesprochen wird. Denn die findet nicht nur eine Antwort auf die Frage, wie so etwas denn funktionieren kann, sondern zeigt, dass zwischen Himmel und Erde noch viel mehr möglich ist, als die Naturwissenschaft weiß.

Magie wird im Wicca verstanden als die Verwendung und Nutzung der Kräfte der Natur, der Kraft also, die schließlich alles in einem ist.

Davon ausgehend, dass letztlich alles eins ist, hat natürlicherweise auch jeder Zugang zu allen Kräften und Mächten, die in diesem unermesslich endlosen Ganzen wirken, und die Kunst einer Hexe besteht darin, dass sie diese gezielt einsetzen bzw. aktivieren kann. Damit lässt sich auch ein Widerspruch bzw. Vorurteil ausräumen, das Wiccas häufig entgegengebracht wird, wenn Unbeteiligte fragen: „Wie kann es denn sein, dass ein moderner, rationaler, aufgeklärter Mensch des 21. Jahrhunderts einerseits IT-Techniker ist und auf der anderen Seite an etwas glaubt, das den Naturgesetzen zuwiderläuft?" Denn die Antwort ist ganz einfach: Wiccas gehen nicht davon aus, Naturgesetze zu brechen oder außerhalb der physikalisch-wissenschaftlichen, natürlichen Ordnung tätig zu sein, ganz im Gegenteil. Alle Magie findet innerhalb der Naturgesetze statt und kann somit alles bewirken, was in der Natur möglich ist.

Einfaches Beispiel: Magie anzuwenden, um eine zwischenmenschliche Beziehung zu retten, kann sinnvoll sein und funktionieren – denn schließlich ist die funktionierende Beziehung naturgesetzmäßig absolut möglich. Magie einzusetzen und damit dafür sorgen wollen, dass Sie beispielsweise schweben können, hingegen ist sinnlos – die Schwerkraft herrscht und wird auch von der besten Hexe nicht aufgehoben. Um die logische Selbstverständlichkeit hervorzuheben, mit der Wiccas von der Existenz von Magie ausgehen, werden gerne Bilder genutzt, wie etwa die berühmte Vorstellung vom Schlag der Schmetterlingsflügel: Ein schönes kleines Insekt schlägt kaum wahrnehmbar an einem beliebigen Ort der Erde mit seinen Flügeln und es ist nicht auszuschließen, dass aus dem so ausgelösten Luftwirbel ganz am Ende einer hochkomplexen Wirkungskette irgendwo weit entfernt ein Wirbelsturm wird. Was damit gezeigt werden soll, sind zwei grundsätzliche Dinge über die Vorstellung der Wiccas von Magie:

Energie geht nie verloren, sondern wandelt nur ihre Form und Wahrnehmbarkeit, aber sie ist ewig und bleibt ewig erhalten.

Eine Feststellung, die übrigens auch die Physik mit ihrem Energieerhaltungssatz so unterschreiben würde. Und zweitens das nun bereits mehrfach angesprochene Prinzip:

Alles ist in unserem Kosmos miteinander verbunden und vermeintliche Kleinigkeiten können große Auswirkungen haben, die sich durch Beobachtung womöglich nicht einmal miteinander in Verbindung bringen lassen.

Um im Bild zu bleiben: Die Magie der Wiccas besteht darin, gezielt den Flügelschlag des Schmetterlings auszulösen, um sich die überall herrschenden Kräfte zunutze zu machen, um ein ganz bestimmtes Ziel zu erreichen. Das will natürlich gelernt sein und jede Hexe wird Ihnen bestätigen, dass es immerwährender, konzentrierter, ehrlicher und hingebungsvoller Arbeit an sich selbst bedarf, um diese Fähigkeiten zu erwerben und immer weiter auszubauen. Rituale, meditative Techniken, Visualisierungen, Anrufungen, aber ebenso intensive Arbeit an der eigenen Persönlichkeit, dem seelischen Befinden und dem spirituellen Wachstum sind unverzichtbare Teile dieses einzigartigen Lernprozesses und am Ende ist es niemand anders als die Natur selbst, die Wiccas ihre Macht verleiht. Selbstverständlich ist somit auch die Annahme, dass jeder Mensch eine Hexe sein und Magie ausüben kann bzw. genauer gesagt: Jeder kann es lernen. Den einen fällt das leichter als den anderen, was hauptsächlich davon abhängt, in welch engem Kontakt Menschen schon mit den eigenen spirituellen Aspekten stehen – der Weg zur Magie steht aber jedem offen. Wie Sie sich Ihrer eigenen Magie Schritt für Schritt annähern, das entdecken Sie in den späteren Kapiteln dieses Buches, an dieser Stelle wollen wir jedoch noch einmal konkret zu der Frage kommen, was Sie von Magie nun erwarten können und was nicht. Den wichtigsten Grundsatz kennen Sie schon, die Vereinbarkeit mit den Naturgesetzen, aber wir müssen noch ein wenig genauer hinsehen. Ganz klar: Spektakuläre Zaubertricks, Schweben-Lassen, Verschwinden-Lassen und Ähnliches gehören in die Abteilung Hokuspokus, aber was ist beispielsweise mit dem Wunsch nach Reichtum? Schließlich ist er physikalisch möglich – aber den Lottogewinn herbeizaubern? Auch den Traum, durch Wahrsagerei die richtigen Zahlen vorherzusehen, wird ein Traum bleiben, die Sache mit dem Reichtum ist damit aber noch nicht ad acta gelegt. Denn hier können Sie mit Ihren magischen Kräften durchaus etwas erreichen. Wie lässt sich Reichtum – in welchem Ausmaß auch immer – erreichen?

Nun, pures Glück ist eine Option, dann erledigt der Lottoschein oder auch ein üppiges Erbe den Job der Vermögensbeschaffung, für die meisten Menschen führt jedoch ein anderer Weg zum gut gefüllten Konto und der geht letztlich über Arbeit. Daran ist wenig magisch, denken Sie nun, ganz im Gegenteil? Kommt darauf an. Wer sich einfach nur stoisch-weltlich an seinem Job abarbeitet, vorgegebenen Karriere-Routinen folgt, fleißig ist und reichlich Überstunden schiebt, der wird es möglicherweise irgendwann zu einem ansehnlichen Vermögen bringen. Wenn Sie im Besitz Ihrer magischen Kräfte sind und begreifen, wie Sie diese Mächte nutzen können, dann können Sie jedoch die eine oder andere Abkürzung wählen. Magie kann Ihnen hier auf mehrere Arten helfen und dazu ist es wieder wichtig, sich vor Augen zu führen, was sie eigentlich ist: *nämlich das bewusste, machtvolle In-Kontakt-Treten mit allen Aspekten Ihres Selbst, der Welt, die Sie umgibt, und mit dem ganzen Kosmos.* Das ermöglicht Ihnen tiefe Einsichten, mit denen Sie auf der einen Seite Dinge erkennen können, die anderen verborgen bleiben, beispielsweise ein Gespür dafür zu haben, dass Ihre jetzige Firma vielleicht im Moment gut dastehen mag, sich aber langfristig auf dem absteigenden Ast befindet und ganz sicher nicht zur Grundlage Ihres Vermögensaufbaus taugt.

Auf der anderen Seite können Sie durch die Anwendung von Magie auch begreifen, dass Sie selbst die Arbeit, von der Sie jetzt vielleicht auf den ersten Blick noch rundum begeistert sind, in Wahrheit keinesfalls lange werden ausüben können und somit ab sofort umsatteln und aufs richtige Pferd setzen sollten. Und nicht zuletzt können Sie sich Ihre Hexenmächte dadurch zunutze machen, dass Sie sich selbst mit den Urkräften des Kosmos in Verbindung setzen und diese Kräfte gebündelt, gezielt und konzentriert für sich einsetzen – und diese dann mit ganz anderer Zielstrebigkeit und Energie verfolgen, als es Ihnen sonst je möglich gewesen wäre. Das klingt dann schon wieder fast sachlich und kaum nach Magie? Ganz so „weltlich" ist es auch wieder nicht: Denn die Art, in der die unterschiedlichen Rituale wirken und diese damit Kräfte aus der Natur und damit der Unendlichkeit wecken, steuern und nutzen, übersteigt das, was der menschliche Verstand erfassen kann. Es geht weit über das hinaus, was sich etwa mit reinen Meditations- oder Fokussierungstechniken erzielen lässt, es handelt sich nicht etwa um eine Spielart von Selbstoptimierungs- oder Coachingtechniken, sondern es reicht weit hinein in den mystischen, spirituellen, magischen Raum der Existenz und das gehört zu den großen Geheimnissen, die Sie erleben werden, wenn Sie sich selbst auf die Reise des Wicca-Lebens begeben – aber Achtung: Sie werden es erleben, Sie werden es erfahren und spüren, Sie werden vielleicht auch große Zusammenhänge und Mächte erfassen, aber Sie werden nicht alles verstehen, womit Sie es zu tun bekommen. Denn selbst die erfahrensten Hexen und die ältesten Hohepriester arbeiten mit Ahnung, tiefer Intuition und Hingabe – aber das Geheimnisvolle in der Magie bleibt am Ende unerklärlich.

Was Sie jetzt beispielhaft am Reichtumszauber nachvollzogen haben, gilt selbstverständlich für alle magischen Belange. Ob Sie für mehr Harmonie in Ihrer Familie sorgen möchten, endlich einen Partner finden, mit dem Sie sich perfekt ergänzen, ob Ängste Sie plagen oder Sie beruflich auf der Stelle treten, als Hexe müssen Sie nicht untätig dastehen und hilflos abwarten, wie das Schicksal seine Wendungen und Schlingen um Sie schlägt, sondern Sie können aktiv werden und Ihre Magie nutzen, um Dinge in Ihrem Sinne zu beeinflussen. Das wird nie auf Knopfdruck und nie nach Hokuspokus-Schema funktionieren, sondern immer entlang der magischen Linien, die dieses Beispiel Ihnen aufgezeigt hat. Was Sie daran schon merken: Magie ist Arbeit, Arbeit an sich selbst, Arbeit an den eigenen Einstellungen und Fähigkeiten und Magie ist letztlich immer ein Weg zu sich selbst – das sollte aber auch niemanden verwundern, denn immerhin möchten Sie sich die Kräfte der Natur zu eigen machen und das geht ganz sicher nicht im Handumdrehen.

Der Jahreskreis

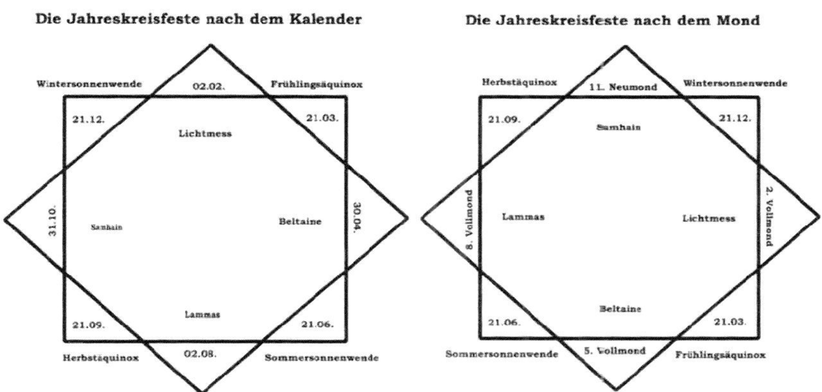

Die Natur ist die Quelle aller Wicca'schen Magie und die Natur ist bekanntermaßen ständig im Wandel. Vom Erwachen allen Lebens im Frühling über die licht- und blütenreiche Zeit des Sommers zum üppigen Reichtum der herbstlichen Ernte und schließlich hinüber in das langsame Ersterben in der winterlichen Kälte – nicht nur der Gott und die Göttin symbolisieren mit ihrer Verwandlung den Lauf der Jahreszeiten, sondern auch darüber hinaus spielt der Jahreskreis im Wicca eine herausragende Rolle. Eigentlich ist das noch zu wenig gesagt, viel mehr: Der Lauf der Jahreszeiten prägt, bestimmt und strukturiert das Leben der Wiccas, jeder einzelnen Hexe genauso wie das der Gemeinschaft. Anhand von acht großen Festtagen vollziehen Wiccas den Jahresverlauf und zu jedem dieser Feste gibt es eigene, ganz besondere Geschichten, Traditionen und Feierlichkeiten. Feiertage kennt man auch aus anderen Religionen, hierzulande prägen etwa Ostern und vor allem Weihnachten den Jahresrhythmus, obgleich viele Menschen längst nicht mehr praktizierende Christen sind. Im Christentum richten sich die Feiertage meist nach Ereignissen im Leben Jesu oder bestimmter Heiliger und haben nicht notwendigerweise etwas mit den Jahreszeiten zu tun, wobei es auch Feste wie etwa Maria Lichtmess gibt, die mit dem Verhältnis von Tag und Nacht bzw. der Ernte oder Ähnlichem zusammenhängen. Beim Wicca ist dieser Fokus sehr viel stärker ausgeprägt und Hexen in ihren Coven begehen das Jahr entlang dieser Festtage. Sie sind das wohl prägendste Element der Wicca-Lehre und Grundlage allen Tuns der Zirkel und deshalb wollen wir uns als Nächstes einmal genau anschauen, welche Tage des Jahres eine ganz besondere Rolle spielen. Nicht selten stolpern wir dabei tatsächlich auch über Aspekte, die aus dem Christentum bekannt sind, oder Anlässe, von denen man in ganz anderem Zusammenhang gehört hat – nur ein weiteres Zeichen dafür, in welchen alten Traditionen sich die Hexenkunst sieht.

Die acht Festtage, auch Sabbats genannt, sind heute Konsens im Wiccatum und werden in der Regel von allen Strömungen und Coven gefeiert. Ein allgegenwärtiges Symbol ist deshalb auch das Jahresrad mit acht Speichen, das Sie in unterschiedlichem Design immer wieder antreffen werden und auf dem die Feiertage eingezeichnet sind. Das Rad symbolisiert in seinem ewigen, immer wieder erneuten Kreisen den Lauf des Jahres, das ja schließlich, sobald es geendet hat, unermüdlich wieder von vorne beginnt. Dieses Jahresrad hat übrigens eine Geschichte, die viel weiter zurückreicht als die Gründung des Wicca durch Gardner, denn hier stand tatsächlich uralte Mythologie Pate, und zwar das Jahresrad der Kelten. Die kannten jedoch nur vier Speichen, welche für die Feiertage Samhain, Lugnasad, Imbolc und Beltane standen. Für die übrigen vier Feste, Litha, Jul, Ostara und Mabol, werden teils germanische Ursprünge angenommen, was im Falle von Jul auch belegt ist, bei den übrigen drei ist die historische Herkunft nicht zu klären und insgesamt ist der Wicca-Kalender somit eine Neuordnung, bzw. Neuschöpfung des modernen Hexentums.

Diese acht Feste werden wiederum unterteilt in jeweils vier sogenannte Feuer- oder auch Lichtfeste, die als höherrangige Feiertage gelten und zu Ehren der Göttin gefeiert werden. Man bezeichnet sie auch als „Große Sabbate" und darunter fallen diejenigen, die auf alte keltische Traditionen zurückgehen, also Samhain, Lugnasad, Imbolc und Beltane. Zeitlich befinden sie sich jeweils in der Mitte zwischen zwei der übrigens vier Feste – weshalb man sie auch als Kreuz-Viertel-Tage bezeichnet, in Anlehnung an die Aufteilung des Rades – und der genaue Tag des jeweiligen Fests wird teilweise unterschiedlich bestimmt: Die traditionelle Festlegung folgt den Kalendern, die im altrömischen Kalenderwesen jeweils den ersten Monatstag bezeichneten, und datiert die Feiertage als jeweils auf den 1. Februar, den 1. Mai, den 1. August sowie den 1. November. Manche Strömungen weichen davon ab und feiern die Feste stattdessen genau am mittleren Tag zwischen den beiden benachbarten solaren Festen.

Die übrigen vier Feiertage werden „Kleine Sabbate" genannt oder auch Sonnenfeste sowie solare Feste, in ihrer Bedeutung sind sie den großen Sabbaten nachrangig und wie der Name „Sonnenfest" bereits nahelegt, sind sie dem Gott gewidmet. Datiert werden sie strikt nach dem Sonnenstand, den sie auch zum Inhalt haben, so ist Litha das Fest der Sommersonnenwende, Jul feiert die Wintersonnenwende, Ostara die Tagundnachtgleiche im Frühjahr und Mabon schließlich die im Herbst.

Die acht Festsabbate werden von vielen Wiccas oft im großen Stil gefeiert, das heißt, man kommt zu umfangreichen Festlichkeiten zusammen, und zwar, soweit das möglich ist, auch mit mehreren Coven. Es sind ganz besondere Tage, die mit besonderen Ritualen, Bräuchen, aber auch einfach ausgelassenem Feiern begangen werden und für gläubige Wiccas die wichtigsten Höhepunkte des Jahres bedeuten.

Übrigens: Die entsprechenden Verhältnisse von Mond- und Sonnenphasen zueinander gelten natürlich nur für die Nordhalbkugel, wo Wicca schließlich auch entstanden ist. Hexen auf der Südhalbkugel kehren den Kalender deshalb oft um, was Sinn macht, denn schließlich geht es bei den Festen gerade um den Lauf der Natur im Jahreskreis, also um Erwachen im Frühling, lange Tage im Sommer oder Ernte im Herbst, um nur ein paar Beispiele zu nennen. Es gibt jedoch auch Wiccas, die es bevorzugen, an den zeitlichen Traditionen der nördlichen Hemisphäre festzuhalten und an den dort üblichen Tagen zu feiern.

SAMHAIN

Beginn des Winterhalbjahres und Neujahr der Hexen, 11. Neumond im Kalenderjahr

Samhain ist das vielleicht wichtigste Wiccafest, denn obwohl es um den 31. Oktober, meist in der Nacht vom 31. Oktober auf den 1. November, stattfindet und damit weit vor dem üblichen Neujahr liegt, markiert es für Wiccas den Beginn eines neuen Jahres. Es ist das Fest von Dunkelheit und Tod, was aber gar nicht so düster und traurig ist, wie es zunächst klingt. Denn wie Sie bereits wissen, sehen Wiccas den ewigen Kreislauf des Lebens inklusive Vergehen und Tod nicht nur als etwas Unvermeidliches, sondern auch als etwas Positives an. Samhain markiert das Ende des fruchtbaren Jahreszyklus, die Ernte ist zu einem Ende gekommen, auf den Feldern finden sich keine Früchte mehr, Pflanzen sind schon längst verblüht und im Verfall begriffen. Bei den Kelten, die dieses Fest ursprünglich gefeiert haben, wurde das Vieh von den Feldern geholt und für den Winter geschlachtet. Die Lebendigkeit des Sommers ist vorbei, auch die Üppigkeit der herbstlichen Ernte, die Farben sind aus der Natur verschwunden, die Tage werden rasch kürzer und die Dunkelheit hält Einzug. Für Wicca ist dies auch der Zeitpunkt, an dem der gehörnte Gott seinen Kampf und seine Jagd aufgibt, stirbt und in die Erde aufgenommen wird. Der Feiertag beschäftigt sich deshalb auch ganz besonders mit dem Tod bzw. den Toten und die Ahnen spielen eine große Rolle. Der Schleier zwischen den Welten, also zwischen dem Diesseits und dem Jenseits, ist am Samhain ganz besonders dünn, wie auch an den vier anderen Hochfesten des Jahres, und so nutzen kundige Hexen den Zeitpunkt, um mit Wesen des Jenseits in Kontakt zu treten. Viele Wicca nutzen Samhain, um ganz besonders ihrer Ahnen oder lieben Verstorbenen zu gedenken. Es ist Brauch, etwa bei Tisch zusätzliches Gedeck für sie aufzulegen oder sogar das Essen zu teilen, dabei wird sowohl der eigenen Vorfahren gedacht als auch solchen Verstorbenen, die durch besondere Weisheit oder besonderes Tun eine wichtige Rolle im Hexentum gespielt haben. Auch auf ganz persönlicher Ebene nutzen viele Hexen den Tag als Anlass, um gedanklich mit geliebten Menschen in Kontakt zu treten, die nicht mehr unter ihnen weilen, sich ihrer bewusst und mit Dankbarkeit zu erinnern und vielleicht auch Trauerprozesse abzuschließen. Samhain ist auch ein beliebter Anlass, in Séancen mit Verstorbenen in Kontakt zu treten oder mit Tarot-Karten und anderen Methoden einen Blick in die Zukunft zu werfen, denn die besondere Durchlässigkeit zwischen Diesseits und Jenseits erlaubt auch einen außergewöhnlich klaren Blick. Samhain ist aber nicht nur ein Fest des Zurückschauens, ganz im Gegenteil: Es bietet die Gelegenheit, abzuschließen, Dinge hinter sich zu lassen und sich zu befreien, um bereit zu sein für den frischen Start in das neue Jahr, das für Wiccas mit diesem Tag beginnt. Viele fassen Vorsätze, besonders für die kommende dunkle Phase, und verstehen die Zeit als eine Zeit des Innehaltens, der Introspektion, des Fokussierens auf innere Vorgänge und der aktiven Auseinandersetzung damit. Viele Wiccas errichten Altäre, die thematisch spätherbstlich gehalten werden, etwa mit Kürbissen, getrockneten Blättern, Kastanien und Eicheln und allgemein den Früchten der Ernte, es kommen auch Zeichen der Vergänglichkeit, wie etwa Schädel, in Frage; farblich dominieren Rot, Gelb, Orange und Schwarz. Oft werden solche Altäre auch den Ahnen gewidmet, manche Hexen stellen Fotos auf und führen Räucherzeremonien durch. Eine große Rolle spielen dunkles Brot und Wein, sie dürfen sowohl auf dem Altar als auch beim Festmahl nicht fehlen, und auch Feuer werden gern entzündet.

Mögliche Wicca-Rituale für Samhain sind:

- Spaziergang mit Konzentration auf das Vergehen der Natur
- Friedhofsbesuch
- Errichten von Ahnenaltären und das Ehren von Verstorbenen mit Erinnerungen, Kerzen etc.
- Kerzen anzünden oder Räuchern, um guten Geistern den Weg zu leuchten und Kontakt zu ermöglichen
- Reflektieren, Vorsätze fassen, beispielsweise mithilfe von Pendel, Tarotkarten oder Ähnlichem
- Festmahl für die Ahnen, bei denen ihnen ein Platz bei Tisch eingeräumt und Essen geopfert wird
- Séancen für Kontakt mit Verstorbenen
- Dinge, die Sie loslassen möchten, auf Papier schreiben und verbrennen

Samhain wird übrigens schon seit sehr langer Zeit gefeiert, es findet Erwähnung in antiken irischen Schriften und ist eines der überlieferten keltischen Feste. Die Kelten hatten jedoch noch einen nicht ganz so positiven Zugang zu diesem Tag: Auch sie gingen davon aus, dass die Trennung zwischen Diesseits und Jenseits an Samhain durchlässig war, was für sie jedoch in erster Linie Grund zur Sorge war. An diesem Tag blieben sie deshalb möglichst in ihren Häusern, um zu vermeiden, mit den Geistern der Toten zusammenzutreffen, und daher stammen auch moderne Halloween-Bräuche, wie schaurige Verkleidungen oder gruselige Schnitzkürbisse, die unerwünschte Besucher abschrecken sollten. Zu guter Letzt sollten Sie als Wicca-Anwärter auch wissen, wie man den Festtag ausspricht: nämlich in etwa „Sauwen" bzw., wie das englische Wort, „sown".

Mögliches Ritual zu Samhain: Eine geführte Kerzenmeditation

Vorbereitung: Überlegen Sie sich, zu welchem Zweck Sie Ihre Kerzenmeditation ausüben möchten. Richten Sie die Farbe der Kerze nach Ihrem Vorhaben aus. Legen Sie alle Utensilien bereit, die Sie für Ihre Meditation brauchen. Denken Sie an einen passenden Kerzenhalter und Streichhölzer und ggf. einen Kerzenlöscher. Achten Sie darauf, dass sich nichts in der Nähe der Kerze entzünden kann und Sie einen Abstand zur Kerze behalten, sodass Sie sich nicht verbrennen können.

Audiodatei 1: Ein Wasserfall aus Licht

Mögliches Ritual zu Samhain: Räuchern, Ritual zum Loslassen

Manchmal ist das Loslassen wie ein innerer Abschied, ein Abschied von Menschen, von Gewohntem, von etwas Liebgewonnenem oder von Vorstellungen, Plänen oder Visionen. Doch das Loslassen kann sich auch auf innere Wunden und seelische Verletzungen beziehen.

Einmal losgelassen, fühlt man sich freier. Man fühlt sich losgelöst von Dingen oder Menschen, die einen festgehalten oder sogar zurückgehalten haben, oder aber von Dingen, an denen man selbst festgehalten hat, und Menschen, von denen man einst dachte, dass man niemals ohne sie leben könnte.

Genau beim Loslassen können Räucherstoffe oder Räuchermischungen unterstützen und uns helfen, unseren Blick nach vorne auf etwas Neues zu richten. Denn erst, wenn man loslässt, kann man neue Dinge und neue Menschen in sein Leben einladen und es führt einen letztendlich wieder zu sich selbst zurück.

Ein beliebtes Räucherwerk zum Loslassen ist die immergrüne Myrte. Sie wurde verschiedenen Göttinnen gewidmet, weil sie in allen Kulturen als heilig galt. Es heißt, dass sie Segen bringt und dass die Engel ihren Duft lieben.

Räucherstoffempfehlung: Myrte

Wirkung Myrte:

- hilft, loszulassen
- beruhigt den Geist, macht aber nicht schläfrig -> deshalb besonders gut zur Einstimmung auf eine Meditation geeignet
- klärt und reinigt die Atmosphäre und hilft beim Verzeihen

Wo man sie findet:

- stammt ursprünglich aus dem Mittelmeergebiet
- man findet sie als Zierpflanze, die sich sehr gut im Topf ziehen lässt
- getrocknetes Pflanzenmaterial in Bioläden zu finden
- wird am besten an frostfreien und hellen Orten zum Überwintern gelagert

Erntezeit:

- Blätter, Blüten und kleine Beeren werden von Mai bis September geerntet und getrocknet
- bei zunehmendem Mond und am Blütentag steckt in Blättern und Blüten die meiste Pflanzenkraft
- am Früchtetag steckt in Beeren die meiste Pflanzenkraft

Wie man sie räuchert:

- die getrockneten Blüten, Blätter und Beeren entweder auf einem Räucherstövchen oder auf einem Räuchersieb verräuchern

Räuchervorschlag zum Loslassen:

- Rosenblüten
- Rosmarin
- Brombeerblätter
- Kalmuswurzel
- Quendel
- Eisenkraut

Die Räucherkräuter dieser Mischung lösen unerwünschte Gedanken und belastende Sorgen auf und kappen dadurch jegliche Verbindung zu negativen Schwingungen. Zum Räuchern geht man am besten an einen ruhigen Ort, an dem man Zeit zur Entspannung findet, und entzündet dort das Räucherwerk auf Räucherkohle. Gemeinsam mit dem Rauch können dann alle negativen Gedanken und Sorgen nach oben geschickt werden. In Gedanken kann man zudem den Rauch abschneiden und so die Rauchverbindung zu sich selbst kappen.

Weitere geeignete Räucherstoffe: Beifuß, Fichtenharz, Galgant, Sandelholz, Johanniskraut, Benzoeharz, Holunderblüten, Kalmuswurzel, Mistel, Schafgarbe, Fenchelsamen, Myrrhe, Ysop, Nelke, Muskatnuss, Ingwer, Zimt

Am besten verstärkt man das Räuchern zum Loslassen mit einem geeigneten Räucherritual, welches das negative Gedankenkarussell unterbricht:

Anleitung

- Dafür notiert man sich **verschiedene Gedanken auf einem kleinen Zettel**, die man loslassen möchte. Das können Ängste, Sorgen, Dinge, Gewohnheiten, Themen oder Verhaltensmuster sein, die man freigeben will.
- Anschließend zündet man einige Späne in einer feuerfesten Schale an und **verbrennt die Zettel mit viel Bewusstsein und Achtsamkeit**.
- **Gleichzeitig** lässt man das Räucherwerk zum Loslassen auf einer Räucherkohle verbrennen und beräuchert sich selbst damit.
- Dieses Räucherritual hilft beim Lösen, Loslassen und Verabschieden und spendet Unterstützung beim Übergang in eine neue Lebenssituation.
- Passend dazu kann man gerne noch **eine Kerze aus Heilkräutern oder Blütenessenzen** anzünden, die die feinstofflichen Schwingungen unterstützen.

JUL – DIE WINTERSONNENWENDE

Wintersonnenwende,
oft 21. Dezember

Das Julfest ist das Fest der Wintersonnenwende und folgt damit einer der wohl ursprünglichsten Sehnsüchte des Menschen: nämlich der nach Licht. Es feiert den Moment, in dem das Verhältnis von Tag und Nacht nach einer langen Phase der Dunkelheit endlich wieder umschlägt. Nach der längsten Nacht des Jahres gewinnt langsam, aber sicher das Licht wieder überhand und die Tage werden länger. Das lebensnotwendige, lebensspendende Licht kehrt zurück in den Alltag der Menschen, die die vergangenen Wochen und Monate in Flucht vor der Dunkelheit und Kälte im Rückzugsraum ihrer Häuser zugebracht haben und von den Reserven des vergangenen Jahres gezehrt haben.

Nun siegt die Hoffnung über die Düsternis und für Wiccas bedeutet das: Auch ihr Gott, der gehörnte Gott, kehrt wieder zurück, wenngleich in völlig neuem Gewand. Denn am Julfest wird er von der Göttin geboren, er ersteht auf aus dem Reich von Winter, Tod und Vergänglichkeit und kommt als jugendlicher, frischer Bote des kommenden Lebens zu den Menschen zurück. Mit ihm wird das Licht geboren und es schenkt den Menschen die Verheißung, ja, die Gewissheit des kommenden Jahres, das erneut all den Reichtum, die Fruchtbarkeit, das Sonnenlicht und die Fülle der Naturschätze bringen wird, von denen das irdische Leben so sehr abhängt.

Gefeiert wird also nicht weniger als der Sieg des Lichts über die Dunkelheit und Wiccas gedenken an diesem Tag auch all den Dingen, die im Dunkel des vergangenen Jahres zurückgeblieben sind. Auch die Festlichkeiten zu diesem Tag richten sich in Wicca-Coven oft genau an der Thematik des zurückkehrenden Lichts aus, indem Feierlichkeiten, bei denen Feuer eine große Rolle spielt, kurz vor die Zeit des Sonnenaufgangs gelegt werden: Das Erscheinen der Sonne am Firmament ist dann mächtiges Symbol der erfolgreichen Beschwörungen, das Licht kehrt zurück in die Welt. Das Datum von Jul steht übrigens nicht automatisch fest: Meist ist es – wie etwa 2022 – der 21. Dezember, abhängig von Schaltjahren kann das Julfest jedoch auch einmal auf den 20. oder 22. Dezember fallen.

Hier zeigt sich auch eine uralte Verwandtschaft, die in vielerlei Hinsicht bis heute fortwirkt, nämlich die zwischen Weihnachten und Jul. In vielen antiken und heidnischen Kulturen längst vor der Zeit des Christentums wurde die Wintersonnenwende festlich begangen, schon den Kelten und Germanen war dieser Moment des Jahreskreises heilig, aber wie beispielsweise Stonehenge belegt, reicht das Bewusstsein für diesen ganz besonderen Zeitpunkt noch viel weiter in die Geschichte der Menschheit zurück, nämlich bis zu viertausend Jahre. Und in all dieser Zeit hat sich das Fest auch zeitlich verschoben, denn ursprünglich fiel es auf den 25. Dezember, den Tag, an dem später auch die Christen ihr Weihnachtsfest feiern sollten.

Erst mit der Einführung des gregorianischen Kalenders, der das ganze Jahr neu ordnete und bis heute hierzulande die kalendarische Ordnung stellt, spalteten sich die beiden Feste auf. Weihnachten blieb regional abhängig beim 25. bzw. 24., wohingegen das Julfest sich weiter nach vorne verschob. Auch viele Traditionen rund um Jul sind den weihnachtlichen sehr ähnlich – tatsächlich hat sich das Christentum einige der uralten Bräuche abgeschaut, zum Beispiel den Christbaum. Denn am Julfest ist es üblich, immergrüne Zweige wie Tannen, Misteln oder Stechpalmen ins Haus zu bringen und schön zu schmücken, um die Hoffnung auf das Ergrünen der Natur im neuen Jahr auszudrücken. Es werden viele Feuer und Kerzen entzündet, die das zurückkehrende Licht symbolisieren, auch ein sogenannter Julblock, ein großer Klotz aus Holz, der manchmal auch geschmückt wird, wird oft entzündet. Dann gilt es, diesen Block zwölf Stunden am Brennen zu halten, um das Licht zu bewahren und mit hinüberzunehmen in die Zeit des neuen Jahres. Früher bemühte man sich sogar noch viel länger darum, das Feuer am Leben zu erhalten, nämlich möglichst durch die ganze Zeit der *Rauhnächte* hindurch.

Diese oft besonders dunklen und kalten Nächte zwischen dem 20. Dezember und dem 6. Januar gelten seit langem als ganz besondere Zeit, die außerhalb der üblichen Ordnung steht. Das rührt daher, dass früher nach dem Mondkalender gelebt wurde, der dem Jahr jedoch nur 354 Tage zuschreibt – die fehlenden Tage zum Sonnenkalender wurden einfach hinzugefügt und als besondere Phase angesehen, während derer die normalen Gesetze der Natur aufgeweicht wurden und die Grenze zwischen Diesseits und Jenseits durchlässiger war. Weissagungen, Orakel und Ähnliches haben demzufolge in den Rauhnächten eine besondere Kraft und der brennende Julblock soll hier dabei helfen, böse Geister fernzuhalten. Am Feuer dieses Blocks – ganz gleich, wie lange er brennt – werden dann auch heute noch die Kerzen des Hauses entzündet, das Kaminfeuer und auch Räucherwerk. Denn das Ausräuchern des Hauses zu Jul und damit das Reinmachen für die neue Phase des Lebens und des Lichts ist ebenfalls eine verbreitete Wicca-Tradition.

An dieser Stelle soll auch eine ganz besondere Erzählung aus dem Wicca erwähnt werden, nämlich die vom Eichenkönig und vom Stechpalmenkönig. In dem Mythos symbolisiert der Eichenkönig den Sommer, er gilt als Herrscher in der hellen Hälfte des Jahres, wohingegen der Stechpalmenkönig für den Winter steht und Macht über die dunkle Hälfte hat. Die beiden – die oftmals auch als zwei Personifikationen bzw. Aspekte des gehörnten Gottes aufgefasst werden – befinden sich in einem ständigen Kampf gegeneinander, wobei abhängig von der Jahreszeit jeweils einer die Oberhand behält. Zu Jul muss der Stechpalmenkönig sich geschlagen geben, seine Kraft weicht und der Eichenkönig wird neu geboren. Er sammelt Macht und wird immer stärker, bis er in der Zeit um Litha herum auf dem Zenit seiner Macht ist.

Diese Geschichte ist in Wicca-Kreisen längst zu einer der bekanntesten Erzählungen avanciert und es ist Brauch, sie zu Jul wiederzugeben. Jul wird auch manchmal Yule genannt, wie es im englischsprachigen Raum geläufig ist, und vor allem im Norden Europas kennt man das Julfest auch außerhalb des Wiccatums, wo es allerdings mit Weihnachten zusammengefallen ist. Weihnachten heißt auf Schwedisch, Dänisch und Norwegisch bis heute „jul", die Finnen kennen es als „joulu" und noch ein paar weitere Länder haben in ihrer Sprache Verweise auf den altgermanischen Ursprung dieses Wintersonnenwende-Fests.

Mögliche Wicca-Rituale für Jul sind:

- Julblock bzw. Julscheit entzünden
- immergrüne Zweige ins Haus holen und schmücken
- ausräuchern
- Ritualfeiern mit Julfeuer zu Sonnenaufgang
- Julkuchen bzw. Julbrot backen (Rezeptidee hierzu unten)
- alle Lichter im Haus löschen und neu entzünden
- Meditationen zum Thema der Geburt des gehörnten Gottes
- Anrufung der Göttin
- Erzählen der Geschichte von Eichenkönig und Stechpalmenkönig

Mögliches Ritual zu Jul: Julkuchen, bzw. Julbrot backen

Zutaten:
1 Päckchen Trockenhefe,
500 g Weizenmehl,
etwa 300 ml Milch,
1 Ei, 75 g Zucker,
etwa 1,5 Teelöffel Kardamom (Geschmacksfrage),
0,5 Teelöffel Salz,
75 g Butter,
150 g Rosinen

Zubereitung:
Schritt 1: Rosinen etwa 20 Minuten in warmem Wasser einweichen lassen, abgießen, Restwasser möglichst ausdrücken.
Schritt 2: Ei verquirlen, dann aus Milch, Mehl, Zucker, Hefe, Kardamom, der Hälfte des Eis und dem Salz per Knethaken und geringer Rührstufe einen geschmeidigen Teig anrühren, anschließend etwa zehn Minuten weiterkneten.
Schritt 3: Butter weich werden lassen und in Würfel schneiden, dann zum Teig geben und unterkneten.
Schritt 4: Rosinen dazugeben und unterrühren.
Schritt 5: Schüssel abdecken und an einem warmen Ort etwa eineinhalb Stunden gehen lassen.
Schritt 6: Teig in zwei gleich große Hälften aufteilen, noch einmal eine Viertelstunde ruhen lassen, dann in Brotform bringen und auf ein Blech mit Backpapier legen (Achtung: genügend Abstand lassen – geht beim Backen auf!). Erneut eine Stunde abgedeckt gehen lassen, dann schon einmal den Ofen auf 200 °C Ober-/Unterhitze vorheizen.
Schritt 7: Beide Brote mit der verbliebenen Eihälfte bestreichen und anschließend 25 bis 30 Minuten backen. Wird das Brot zu dunkel, können Sie es gegen Ende der Backzeit mit Backpapier bedecken.

IMBOLC

2. Vollmond nach Yule

Das nächste Fest im Wicca-Jahreskreis ist Imbolc, das Ihnen manchmal auch unter der Bezeichnung Imbolg oder Oimelc begegnet und je nach Tradition um den 1./2. Februar gefeiert wird. Seine Ursprünge liegen in der alten irischen Kultur, wo es auch als Fest der Brigid, einer Göttin aus der keltisch-irischen Mythologie, bekannt war. Sie gilt als Patronin von Dichtkunst, Kreativität und Poesie einerseits, andererseits ist sie auch Göttin der Schmiede, der Heilkunst und der Fruchtbarkeit. Das Wort „Imbolc", das übrigens ganz einfach „Imbolk" ausgesprochen wird, leitet sich vermutlich vom altirischen „imb-folc" her, was so viel wie „Rundum-Waschung" bedeutet und schon eine Idee davon vermittelt, um welche Art Fest es sich handelt. Denn die Idee der Reinigung, das Auskehren alles Alten und Verstaubten, das Zelebrieren des Frischen und Neuen ist ein wichtiger Aspekt des Imbolc-Festes und er hängt eng zusammen mit dem zweiten Bedeutungsteil, der sich aus dem Wort „Oimelc" herleitet: Das Wort bezeichnet nämlich das symbolträchtige Geschehnis, wenn die Mutterschafe zum ersten Mal im Jahr Milch geben – in Erwartung der baldigen Lämmergeburt.

All das erschafft den eigentlichen Geist des Imbolc-Festes, wie Wiccas es heute verstehen: Die Tage werden bereits wieder merklich länger, die Welt wird langsam wieder in Sonnenlicht getaucht und das Ende der langen Phase der Dunkelheit rückt näher, man ahnt bereits den Ausbruch des Frühlings. Das sprichwörtliche Licht am Ende des Tunnels der Winterzeit leuchtet immer heller und was noch heute für viele Menschen eine lang ersehnte Erlösung aus Winterdepression, Sonnensehnsucht und Vitamin-D-Mangel bedeutet, hatte in früheren Zeiten einen noch viel wichtigeren Hintergrund: Das Ende der Mangelzeit war absehbar, das Bangen und Sorgen, ob die Vorräte, die man für den Winter angelegt hatte, reichen würden, um die Familie zu versorgen, löste sich langsam auf – ein Ende war in Sicht.

Deshalb stehen die Zeichen zu Imbolc ganz grundsätzlich auf Neuanfang. Die milchgebenden Mutterschafe künden vom schon bald über die Wiesen hüpfenden neuen Leben des neuen Jahres und Wiccas nutzen die Gelegenheit, in sich in jeder Hinsicht für die kommende Phase des blühenden Lebens frisch zu machen. Oftmals wird bis heute Brigid als eine Personifizierung der Göttin verehrt und bringt somit den Aspekt der Fruchtbarkeit mit ein, auf deren sprudelnden Ausbruch im Frühling die Menschen hoffen.

Hexen nutzen diese Zeit, um im wörtlichen und übertragenen Sinne auszumisten. Ein Frühjahrsputz steht an, bei dem alter emotionaler und spiritueller Ballast abgeworfen wird, und auch das Haus wird ganz konkret durchgeputzt. Oft werden Reisigbündel aus Eberesche und Birke, beides an diesem Tag traditionell verehrte Pflanzen, gebunden, mit denen man das Haus ausfegt. Und auch das Licht in Form von Kerzen spielt erneut eine große Rolle: Imbolc steht in Verbindung mit dem christlichen Lichtmess-Fest, bei dem die Kirchenkerzen für das kommende Jahr geweiht werden, und das tun auch viele Hexen. Sie weihen in besonderen Zeremonien ihre neuen Ritualkerzen und manchmal werden auch Lichterprozessionen veranstaltet. Gerne nutzt man den Anlass, um die Saat für Neues zu legen, und das in mehrerlei Hinsicht. So werden tatsächlich oft die ersten Samen für neue Pflanzen gelegt (natürlich nur solche, die mit durchaus noch zu erwartenden Kälteeinbrüchen zurechtkommen) und viele Hexen fassen Pläne und Vorsätze fürs neue Jahr.

Auch für Neuhexen ist Imbolc ein ganz besonderer Tag: Denn aufgrund seiner Verheißung vom Neuanfang wird er gerne für Initiationen genutzt, also vielleicht ist eines der nächsten Imbolc-Feste dann auch Ihr ganz persönlicher Aufnahmetag in einen Wicca-Coven.

Mögliche Wicca-Rituale für Imbolc sind:

- Frühjahrsputz mit Ausfegen des Hauses, oft auch mit einer anschließenden Räucherung
- Brigid-Kreuze aus Stroh flechten und über Türen hängen
- Strohpuppen basteln, mit denen um Schutz des Hauses gebeten wird
- alles, was noch an Überbleibseln vom Julfest im Haus vorhanden ist, wird entsorgt, wer noch Julzweige oder anderes Pflanzliches hat, verbrennt es auch gern

• alle Fenster des Hauses mit Kerzen erleuchten, um die Rückkehr von Licht und Sonne zu feiern

• Genuss von Milch und gegebenenfalls Lammfleisch, es gibt auch die Tradition, ein wenig Milch in die Erde zu schütten, um der Natur etwas „zurückzugeben"

• Kerzen weihen (Tipp: Wer Lust hat und kreativ veranlagt ist, der kann an Imbolc auch selbst Kerzen ziehen)

• Initiationsfeiern

• innere Einkehr oder Meditationen über Neuanfang, Aufräumen mit Altem und Erstellen von Plänen für das Jahr

Mögliches Ritual zu Imbolc: Energetische Hausreinigung

Anleitung

Das energetische Reinigen von Häusern, Wohnungen oder Räumen wird am besten in mehreren aufeinanderfolgenden Schritten durchgeführt.

Als Erstes sollten **die Räume sorgfältig gelüftet** und alle **Fenster weit geöffnet** werden. Licht und Luft können bereits sehr viel Negatives entsorgen und eine kraftvolle Wirkung haben.

Im zweiten Schritt wird in allen Ecken jedes Raumes möglichst **naturbelassenes Salz** verstreut und mindestens für eine Nacht dort liegen gelassen. Nur den Raum, in dem man schläft, sollte man **tagsüber** behandeln.

Anschließend wird mit der Räucherung begonnen. Dabei ist es unwichtig, welche Räuchermethode verwendet wird, solange sie einen persönlich anspricht.

Als Räucherwerk eignen sich Salbei, Beifuß, Lorbeerblätter, Rosmarin oder Sandelholz besonders gut. Wichtig ist, dass man die verwendeten Kräuter und Harze selbst gut riechen kann.

Alle **Schränke und Kästen** werden so weit wie möglich geöffnet, damit man nachverfolgen kann, wie der Rauch in jede Ecke gelangt.

Nun geht man **entgegen dem Uhrzeigersinn** durch die Wohnung bzw. das Haus und stellt sich vor, wie der Rauch alle negativen Energien absorbiert.

Anschließend kann man sich noch für die reinigenden Kräfte, die zu Hilfe gekommen sind, **bedanken** und **die neuen, positiven Energien willkommen heißen**.

Zum Abschluss der Hausreinigung kann man die positiven Energien **versiegeln**. Dafür stellt man sich vor, wie die eigene Wohnung bzw. das eigene Haus in Licht eingehüllt ist. Dann visualisiert man eine goldene Kugel, die die Wohnung bzw. das Haus wie ein Schutzschild umschließt.

Wenn möglich, kann man die einzelnen Räume auch noch mit **Pflanzen** füllen, denn diese sorgen für eine bessere Energiebilanz. Diese stellt man dann einfach im Raum auf. Am besten eignen sich hierfür **Kakteen**.

In einigen Fällen ist es auch sinnvoll, die Möbel nach den Grundsätzen des **Feng-Shui** zu stellen, damit die negativen Energien den Raum leichter verlassen können und neue und positive Schwingungen entstehen.

Zum Abschluss können die einzelnen Räume noch für den **Neuanfang** geöffnet werden. Dafür werden alle Fenster geschlossen und es wird noch einmal mit Lichtkräutern wie **Styrax, Lavendel oder Rosmarin** geräuchert.

Während man die gesamte Wohnung bzw. das Haus erneut abläuft, wünscht man sich **Gesundheit, Liebe, Frieden und Harmonie**. Gerne können auch die einzelnen Familienmitglieder gesegnet werden oder Gebete bzw. Mantras gesprochen werden.

„Danke, Mutter Erde, dass du die dunklen Energien in unserem Zuhause veredelt hast und danke für die schönen Kräuter und Harze, die du uns zur Verfügung stellst. Unser Zuhause ist nun gereinigt und positive Energien sind eingezogen."

Optional kann eine energetische Hausreinigung natürlich auch von einem professionellen Anbieter durchgeführt werden.

OSTARA

Frühjahrstagundnachtgleiche,
21. März, fix

Das Ostara-Fest hat nicht nur begriffliche Ähnlichkeit mit dem christlichen Ostern, sondern es findet in derselben Jahresphase statt und dreht sich ebenfalls im weitesten Sinne rund um Auferstehung und Fruchtbarkeit. Da liegt der Schluss nahe, dass die Begriffe ebenfalls voneinander abstammen, und oftmals wird auch kolportiert, das Osterfest ginge auf eine vorchristliche, heidnische Tradition zurück, allerdings ist das nicht zutreffend: Denn das Ostara-Fest ist benannt nach einer altgermanischen Frühlingsgöttin, welche Ostara hieß (ihre Existenz ist allerdings nicht gesichert), das Wort Ostern hingegen stammt vermutlich vom altgermanischen „austro" ab, was so viel wie Morgenröte bedeutet. Fest steht in jedem Falle, dass es zahlreiche Kulturen gab und gibt, die Frühjahrsfeste kennen, bei denen das Erwachen der Natur bzw. die Rückkehr des Lebens im Vordergrund steht, und das trifft auch auf Ostara und Ostern zu.

Die Datierung des Ostara-Fests verrät dann auch schon mehr über den genauen Inhalt der Feierlichkeiten: Ostara findet zum Zeitpunkt der Frühlings-Tagundnachtgleiche statt, also genau dann, wenn Tag und Nacht, Licht und Dunkelheit sich die Waage halten. Es ist ein Moment des Gleichgewichts, was für Wicca auch große Bedeutung hat: Die Kraft des Männlichen und des Weiblichen halten sich genau in der Balance und auch die Hexen achten darauf, sich durch Meditationen oder Reflexion in inneres Gleichgewicht zu bringen.

Das momentane Gleichgewicht wird jedoch vor allem auch als der Anfang des Frühlings gedeutet, denn ab jetzt ist der Siegeszug von Sonne und Licht nicht mehr aufzuhalten, die hellen Phasen nehmen immer mehr überhand und das führt schließlich zum sehnsüchtig erwarteten Erwachen der Natur. Die ersten Blumen sprießen, die ersten warmen Tage locken in leichter Kleidung nach draußen, Sonnenschein wärmt das Gesicht und überall in der Natur wird schon bald das unbändige Auferstehen des Lebens im jungen, frischen Grün zu sehen sein. Es ist also eine wahrhaftige Auferstehung, es ist die Wahrwerdung des wichtigsten und heiligsten Wicca-Prinzips, also des ewigen Kreislaufs des Lebens.

Die Verheißung, dass nach der entbehrungsreichen und finsteren Phase von Winter und Tod wie aus Zauberhand das Leben wiederkehren und mit aller Macht an Tageslicht drängen würde, wird wahr – die ganze Welt erwacht zu neuem Leben. Der gehörnte Gott ist wiedergeboren und ist nun als jugendlicher Gott in der Welt, ein stärker werdender jugendlicher Jäger, der die Natur durchstreift und Herr über die wilden Tiere ist. Auch seine baldige Gefährtin, die Göttin, ist jetzt eine Jungfrau, das blühende Leben in Jugendform, und so symbolisieren sie beide die Auferstehung. Ostara ist das große Fruchtbarkeitsfest, anders als noch Imbolc, das eher die Verheißung der kommenden Fruchtbarkeit und die darauf vorbereitende Reinigung gefeiert hat.

Für Wiccas ist es eine Zeit des Neuanfangs, auch hier noch ausgeprägter, als dies bei Imbolc angeklungen war. Denn jetzt gilt es, richtig anzupacken: Hexen legen nun gerne ihre Kräutergärten für das kommende Jahr an und zu Imbolc beschlossene Projekte werden nun in die Tat umgesetzt. Außerdem haben Fruchtbarkeitssymbole wie Hasen, Eier und auch frisch erblühte Blumen eine große Bedeutung, was Sie auch von Ostern her kennen. Sie sind uralte Symbole der Fruchtbarkeit und stehen bei der Festtagsdekoration im Mittelpunkt. Gerne wird ein Strauß Feldblumen gepflückt, aber nicht achtlos und rasch, sondern mit Danksagung an jede einzelne gepflückte Blüte, womit man schließlich Dank an die Natur richtet, dass sie zurückgekehrt ist und wieder Leben und Reichtum bringt. Alles Frische, Grüne, Junge eignet sich für Ostara-Feiern, so werden etwa als Festmahl Gerichte mit Sprossen, Kräutern oder Saaten genossen.

Mögliche Wicca-Rituale für Ostara sind:

- Altar mit Blumen, Blüten, Hasen, Eiern, Kräutern etc. sowie Kerzen gestalten
- Samen für Garten weihen
- Hexen-Kräutergarten anlegen
- Dankbarkeits-Blumenstrauß pflücken
- Festessen mit Körnern, Blüten, grünem Blattgemüse oder frischen Sprossen genießen
- Feier mit Feuer zu Sonnenaufgang, dabei werden oft Glöckchen geläutet, die den Frühling ankündigen
- Eier bemalen, Eier verzehren, eine schöne Tradition ist auch, ein Ei zu vergraben, um es der Erde „zurückzuschenken"
- Osterwasser holen: Ein alter Brauch, da das Wasser dank reichlicher Schneeschmelze zu dieser Zeit so rein und klar wie sonst nie ist. Junge Frauen gingen schweigend zum Fluss, schöpften das kostbare Wasser, dem besondere Klarheit und reinigende Kraft nachgesagt wird, und trugen es ebenso wortlos zurück in die Häuser.

  Füllen Sie das kostbare Wasser ab und nutzen Sie es das Jahr über für Rituale. Bitte beachten Sie hierbei: Sollten Sie das Wasser körperlich zur Pflege oder gar zum Trinkgenuss verwenden wollen, müssen Sie natürlich sicherstellen, dass die Quelle den hygienischen Anforderungen entspricht, und ebenso bedenken, dass abgeschöpftes Bachwasser nicht grenzenlos haltbar ist. Wenn es um das Ritual der Handlung an sich geht, können Sie das Wasser zeremoniell natürlich auch einfach dem Wasserhahn entnehmen und es beispielsweise weihen.
- Wenn Sie keinen Garten haben bzw. keinen Kräuter- oder Gemüsegarten anlegen möchten: Pflanzen Sie zumindest ein paar symbolische Blumen oder Kräuter im Topf, um den rituellen Aspekt aufrechtzuerhalten, an Ostara die Saat auszubringen für das, was das kommende Jahr bringen soll.

Mögliches Ritual zu Ostara: Kräutergarten richtig anlegen

Die Kräuterspirale und Hochbeete können als Einzelelemente dienen oder aber Teilbestand eines herrlichen Kräutergartens sein. Auch bei der Gestaltung Ihrer Beete sind Ihrer Kreativität je nach Größe des Gartens kaum Grenzen gesetzt, doch sollten Sie einige grundlegende Regeln und Tipps beachten:

- Bestimmen Sie den jeweils besten Standort (sonnig, Halbschatten etc.), wegen der Abgase möglichst abseits des Straßenverkehrs
- Gruppieren Sie Kräuter, die gut zusammenpassen
- Kombinieren Sie Küchenkräuter als Mischkultur mit Gemüse und anderen Pflanzen
- Mischen Sie keinesfalls einjährige und mehrjährige Kräuter
- Nutzen Sie zum Düngen ausschließlich Bio-Dünger oder Kompost
- Verzichten Sie auf Pestizide (sogenannte „Pflanzenschutzmittel"), wie Herbizide (Unkrautbekämpfungsmittel), Insektizide (Insektenvernichtungsmittel), Fungizide (wirken pilztötend)

Achten Sie auch auf Ihre gesundheitlichen Bedürfnisse. Bestenfalls erstellen Sie vorher eine Zeichnung, um Ihre Kräuterspirale optimal zu planen und zu gestalten. Sobald Sie sich einen Plan erstellt und den Boden entsprechend aufbereitet haben, stecken Sie Ihre Beete ab. Hierfür nutzen Sie am besten wieder Holzpflöcke und einen gespannten Faden. Zum Begrenzen Ihrer Beete können Sie diese entweder mit Steinen oder kurzen Hecken umranden.

Da die Auswahl an Kräutern sehr vielseitig ist, erhalten Sie einige Tipps, welche der Kräuter z. B. **einjährige Pflanzen** sind:

- Dill
- Koriander
- Majoran

Zweijährige Kräuter sind:

- Oregano
- Petersilie
- Rosmarin
- Thymian

Einjährige Kräuter werden in der Regel ab Mitte Mai ausgesät, zweijährige Kräuter können Sie bereits im September aussäen. Die Aussaat sollte in Reihen erfolgen, damit Sie später mögliches Unkraut besser entfernen können. Bedecken Sie die Samen nach dem Aussäen mit Mulch, das gibt ihnen die nötige Wärme. Übrigens bevorzugen Koriander und Pimpinelle (mehrjährige Pflanze) eher einen kalkhaltigen Boden.

Zu den einjährigen Kräutern, die gut zusammenpassen, zählen:

- Basilikum
- Bockshornklee
- Bohnenkraut, Sommer-
- Boretsch
- Dill
- Gartenkresse
- Garten-Senfrauke
- Kapuzinerkresse, Große
- Kamille
- Kerbel
- Kleiner Wiesenknopf
- Koriander
- Kreuzkümmel
- Majoran
- Petersilie

Denken Sie daran, dass frisch eingepflanzte Kräuter viel Feuchtigkeit benötigen. Nach dem Einsetzen sollten Sie sie also ausreichend gießen und dabei darauf achten, dass die Blätter frei von Wasser bleiben, damit sie nicht im Sonnenlicht verbrennen. Sollten Sie sich für das Pflanzen von

Koriander oder Pimpinelle entscheiden, achten Sie darauf, dass diese beiden kalkreiche Böden bevorzugen.

Übrigens vertragen sich nicht alle Kräuter:
Setzen Sie niemals Kamille neben Pfefferminze; Dill verträgt sich nicht mit Estragon und Majoran möchte nicht neben Thymian wachsen!

Sehr gut vertragen sich:
Bohnenkraut mit Oregano und Thymian
Lavendel mit Ysop

Am besten erstellen Sie zunächst eine Liste mit Ihren Lieblingskräutern und notieren auch gleich deren Anforderungen (Feuchtigkeit, Platz, Substrat etc.)

Mit Blick auf sogenannte Pflanzenpartnerschaften, also Pflanzen, die sich gut vertragen und sogar eine Symbiose eingehen können, sollten Sie wissen, welches die wirksamsten Mischkulturen dieser **Pflanzengemeinschaften** sind:

Erdbeeren und Knoblauch – Knoblauch schützt Erdbeeren (und auch Himbeeren) effektiv vor Grauschimmel sowie vor anderen Pilzkrankheiten. Auch in der Wuchsform ergänzen sie sich sehr gut, da Knoblauch gerade nach oben wächst und Erdbeeren eher am Boden bleiben.
Erdbeeren und Buschbohnen – Buschbohnen sind sogenannte „Schwachzehrer". Sie benötigen wenig Nährstoffe aus dem Boden und sind somit keine Konkurrenz für Erdbeeren. Zudem profitieren die Erdbeeren während der Wachstumsperiode von der Stickstoffanreicherung der Bohnen.

Möhren und Zwiebeln – Möhren vertreiben die Zwiebelfliege und Zwiebeln halten die Möhrenfliege fern. Als gelungene Mischkultur können Sie z. B. abwechselnd eine Reihe Zwiebeln und eine Reihe Möhren anbauen. Der Aussaattermin für Möhren ist von Februar bis August, während Sie ab Juni bereits die ersten Zwiebelreihen abernten können. An dieser Stelle können Sie dann die nächsten Möhren aussäen und die neuen Zwiebeln finden ihren Platz dort, wo Sie die letzten Möhren geerntet haben. Auch die Kombinationen „**Möhren und Schalotten**", „**Möhren und**

Knoblauch", „**Pastinaken und Schalotten**" sowie „**Pastinaken und Knoblauch**" sind anzuraten. Möhren und Pastinaken können Sie mit allen Zwiebelgewächsen gut kombinieren.

Kohl, Lauch und Sellerie – Da Kohl sehr anfällig für Schädlinge ist, sollte er in Kombination mit Sellerie angebaut werden, da sein Geruch Kohlschädlinge ablenkt. Zusätzlich sollten Sie den Kohl jedoch im Sommer mit einem Kulturschutznetz abdecken. Den Lauch sollten Sie schon deshalb mit in das gleiche Beet setzen, da er auch durch ein Netz geschützt werden sollte. Der Vorteil von Lauch ist: Er nimmt nur wenig Platz weg.

Kürbis, Mais und Stangenbohnen – Kürbis bedeckt den Boden, während der Mais schnurstracks nach oben wächst und den Bohnen als Halt dient, an dem diese emporranken können. Optimal passen „Tramunt-Mais" und die Stangenbohne „Neckarkönigin" zusammen.

Stangenbohnen und Rote Bete – Diese beiden Pflanzen harmonieren besonders gut und ergänzen sich optimal in der Mischkultur-Partnerschaft. Es ist lediglich zu beachten, dass Sie die Stangenbohnen auf der Nordseite des Beetes anbauen, damit sie die Rote Bete nicht beschatten.

Je nach vorhandenem Platzangebot steht es Ihnen frei, ob Sie die Pflanzen in Ihrem Garten „nach Bauernart" in Rechtecke einteilen oder sie nach der fernöstlichen Harmonielehre „Feng-Shui", beispielsweise in Form eines Yin-Yang-Zeichens, anordnen, um die Wirkstoffe der Heilkräuter noch zu verstärken. Eine ebenfalls beliebte Beetform – besonders für Kräuter – ist die Form eines Wagenrades. Hierbei werden die Kräuter in einem kreisförmigen Beet wie in den Speichen eines Rades gepflanzt. In jedem Fall helfen Ihnen kleine Namensschilder dabei, den Überblick über Ihre ausgesäten Kräuter und Pflanzen zu behalten.

Nachdem Sie Ihren eigenen Garten angelegt haben, können Sie mit der Gestaltung einer Ruhe-Oase für die nötige Entspannung sorgen. Schaffen Sie sich einen Platz, an dem Sie Kraft tanken und Ihre Seele baumeln lassen können.

Darüber hinaus sollten Sie für eine ertragreiche Ernte ein **Insektenhotel** in Ihrem Garten errichten. Die Bienen, Hummeln und Schmetterlinge werden es Ihnen danken!

Wenn Sie sich für den Eigenanbau entscheiden, bietet dieser Ihnen optimale Bedingungen, damit Sie sich ohne großen Zeitaufwand das ganze Jahr über an wohlschmeckenden und heilenden Kräutern erfreuen können.

Im nächsten Schritt erhalten Sie einen Einblick, **welche Kräuter und Pflanzen** Sie **aussäen** bzw. pflanzen können. Es ist nur ein kleiner Auszug an Möglichkeiten.

Augentrost
ist aufgrund seiner Blütenpracht ein besonders beliebtes Heilkraut
Aussaat: Oktober – April
Blütezeit: Juli – September
Erntezeit: Mai – Juni
Standort: sonnig; magerer, nährstoffarmer, eher sandiger Boden

Beinwell
Aussaat: Ende Februar – Anfang Mai
Blütezeit: Mai – Oktober
Erntezeit: ab Mai können bereits die Blüten geerntet werden, die Blätter kurz darauf
Standort: sonnig bis halbschattig, der Boden sollte Feuchtigkeit halten können, nährstoffreich und locker sein

Giersch und **Löwenzahn** können wir hier außer Acht lassen. Sie werden sicher den Weg in Ihren Garten finden und Sie können beide herzlich in Ihrem Garten und später in Ihrer Küche willkommen heißen.

Lavendel
ist für die Insekten besonders wichtig
Aussaat: Februar – März
Blütezeit: Mai – September
Erntezeit: Juni – September
Standort: vollsonnig bis sonnig; trockener, eher sandiger, kalkhaltiger Boden

Knoblauch

ist nicht besonders für den Winteranbau geeignet; neben Rosen gepflanzt, hilft er, diese vor Blattläusen zu schützen
Aussaat: im Frühjahr (März – April) und noch einmal im Herbst
Erntezeit: ab Juli
Standort: sonnig; warmer, trockener Boden

Oregano

eines der unverzichtbaren, mediterranen Kräuter für Pizzen & Pasta
Aussaat: April – Mai
Blütezeit: Juli – September
Erntezeit: ganzjährig
Standort: sonnig; eher trockener, nährstoffarmer Boden

BELTANE

Beginn des Sommerhalbjahres,
5. Vollmond nach Yule,

Auf Ostara folgt im Wicca-Jahreskreis Beltane, das gemeinhin als Fruchtbarkeitsfest gilt. Noch ein Fruchtbarkeitsfest, fragen Sie sich? Ja – aber mit ganz anderem Inhalt, als er bei Ostara und ansatzweise Imbolc gefeiert wurde. Doch zunächst einmal das Sachliche: Beltane, manchmal auch Beltene, oder Beltaine, hat seine Ursprünge in der irischen Kultur und wird dort als Fest des Sommerbeginns gesehen. Die Wortherkunft ist nicht geklärt, man vermutet einen Bezug zur altirischen Gottheit Belenus, deren Funktion im Hinblick auf komplizierte etymologische Gegebenheiten ebenfalls nicht ganz klar ist. Allerdings wird bis heute die ähnliche Form Bealtaine im Irischen für den Mai verwendet – und für alle Nicht-Iren: Beltane wird etwa wie „Bell-täin" ausgesprochen. Gefeiert wird es meistens in der Nacht vom 30. April auf den 1. Mai und das Datum springt Hexen sofort ins Auge, denn schließlich ist hier von nichts anderem die Rede als von der berühmten Walpurgisnacht.

Und was hat es nun mit der Fruchtbarkeit auf sich? Die präsentiert sich im Beltane-Fest ganz im sinnlichen Gewand. Denn hier steht die

Sexualität im Vordergrund, das Leidenschaftliche, die mächtige, unbezähmbare Kraft und Energie der Sexualität, die Fruchtbarkeit erschaffende Vereinigung zwischen Männlichem und Weiblichem – und Wiccas feiern hier die große Vereinigung zwischen der Göttin und dem gehörnten Gott.

Diese Vereinigung ist in erster Linie ein mächtiges Symbol: Denn in der Vorstellung der Wiccas wird dadurch das neue Leben des Jahres erzeugt, Gott und Göttin bringen die Fruchtbarkeit auf die Erde und das passt natürlich ganz hervorragend zu diesem besonderen Zeitpunkt des Jahres. Denn die Zeit um den Beginn des Mais herum ist die Phase, zu der die Entwicklungen in der Natur ganz besonders ausgeprägt sind. Es ist warm genug, dass alles tierische und pflanzliche Wachstum zur Höchstform auflaufen kann, nach den ersten sehnsüchtig erwarteten Blüten, die noch zu Ostara bewundert wurden, präsentiert die Natur sich jetzt in sinnlicher Üppigkeit. Überall aufsprießendes frisches Grün, reiches Blütenmeer an Sträuchern und Bäumen, bunte Blumenwiesen, das Zwitschern junger Vögel und überhaupt der frische Nachwuchs im ganzen Tierreich – um diesen Zeitpunkt herum fließt das Leben geradezu über. Genau diese Sinnlichkeit, das Üppige, nahezu Verschwenderische, Reiche wird in der Sexualität als Schöpferin all des neuen Lebens gefeiert und diese Tradition ist bereits viele Jahrtausende alt. Dem Christentum gefiel die Freude am Sinnlichen hingegen nicht und hieraus schöpfte sich dann auch der bis heute verbreitete Mythos des Hexentanzes auf dem Blocksberg. Von Hexen, die in der Walpurgisnacht auf den Blocksberg – den Brocken im Harz – fliegen und dort eine enthemmte Vereinigung mit dem Teufel persönlich erlebten, lesen wir bereits in Goethes legendären Meisterwerk „Faust".

Im Christentum ist das Fest somit eindeutig negativ konnotiert, es ist gewissermaßen der unzüchtige Höhepunkt sündlichen Orgientreibens mit dem Satan selbst, das galt jedoch für die Ursprünge des Beltane-Festes keinesfalls und gilt selbstverständlich auch für die heutigen Wiccas nicht. Denn hier war das Frühlingsfest, bzw. das Fest des Sommerbeginns, seit jeher ein großes Fest der Freude und des Genusses. Das Leben hatte endgültig über Winter und Tod gesiegt und brach sich überall Bahn, die Zeit des sorglosen Überflusses und Genießens begann. Auch abseits der Hexenwelt gibt es heute noch viele Traditionen, die letztlich den gleichen Inhalt haben und sich rund um den ersten Mai drehen, wie etwa der Maibaum, der aus vielen Dörfern nicht wegzudenken ist. Er ist nichts anderes als ein riesengroßes, phallisches Symbol, ein mächtiges Symbol der Fruchtbarkeit, das geschmückt, umtanzt und in Ausgelassenheit gefeiert wird.

Wiccas feiern, wie bereits erwähnt, die Vereinigung von Göttin und Gott, den sogenannten „großen Ritus", in dem ja schließlich – Sie erinnern sich – vom gehörnten Gott selbst der Samen angelegt wird für den jugendlichen Gott, den die Muttergöttin später erneut gebären wird, um den ewigen Kreislauf aus Leben und Vergehen am Laufen zu erhalten. Diese sexuelle Vereinigung wurde in den Anfängen des Wicca oft in ritualisierter Form von Hohepriester und Hohepriesterin in einem sexuellen Akt nachvollzogen. Solche Rituale sind der Hauptgrund, weshalb viele Menschen heute noch eine Vorstellung vom Hexentum haben, das sich hauptsächlich auf enthemmte Orgienfreuden erstreckt – mit der Realität hat diese Fantasie jedoch wenig gemeinsam. Denn erstens wurde dieser Akt – wenn er denn überhaupt vollzogen wurde – im intimen Rahmen der beiden beteiligten Menschen durchgeführt und hatte keinerlei orgiastischen Charakter, zweitens praktizieren die meisten Wiccas ihn heute längst in rein ritualisierter Form mit Kelch und Dolch. Doch es gab auch eine Zeit, zu der manche Gruppen einen anderen Zugang zu diesem Fest hatten: In den 60ern und 70ern fanden sich durchaus Gruppierungen, bei denen nach der Walpurgisfeier der Fruchtbarkeit in Form von frei ausgelebter Sexualität in der Gruppe gehuldigt wurde. Allerdings ist das vermutlich in erster Linie dem Zeitgeist geschuldet, die wilden Zeiten der längst legendär gewordenen 68er-Generation hatte ja ganz allgemein einen betont freien, ungestümen und grenzenlosen Zugang zur Sexualität und so war es wohl nur folgerichtig, dass auch bei den Hexen die sogenannte freie Liebe hoch im Kurs stand.

Bei den heutigen Feiern stehen vor allem Feuer und Tanz im Vordergrund. Der Harzer Brocken ist nach wie vor der Ort mythischer Walpurgisnacht-Traditionen, doch längst kommen Hexen auch an anderen Orten zusammen, die in keltisch-germanischer Geschichte Bedeutung hatten. So ist etwa ein sogenannter Thingplatz bei Heidelberg, der von den Nationalsozialisten als Nachahmung der früheren germanischen Orte der Gerichtsbarkeit errichtet wurde, eine beliebte Beltane- bzw. Walpurgisnacht-Location, darüber hinaus nutzen Hexen weltweit Orte – bevorzugt in der Natur –, die mit ihrem Hexenglauben in Verbindung stehen. Dort wird dann ein Feuer entzündet, um das getanzt wird, manche Mutige wagen auch einen Sprung durch die Flammen. Wer ein wirklich traditionelles Feuer entzünden möchte, der macht das mit folgenden neun Hölzern:

- Stechpalme,
- Birke,
- Erle,
- Eberesche,
- Weißdorn,
- Esche,
- Hasel,
- Weide und
- Eiche.

Übrigens: Holunder sollten Sie als gute Hexe niemals verbrennen – er gilt als Baum der Göttin und schon alte Überlieferungen berichten von Unglück, das über einen kommt, wenn Holunder verbrannt wird.

Ein Festmahl gehört selbstverständlich ebenso zu Beltane-Feiern und je nachdem, in welchem Rahmen Sie das Fest begehen, sind Sie natürlich eingeladen, die Sinnlichkeit, Leidenschaft und Lebendigkeit der sexuellen Kräfte ganz nach Ihren Vorstellungen festlich zu begehen.

Gut zu wissen: Beltane war und ist traditionell einer der beliebtesten Tage für das Handfasting, eine alte Vermählungstradition mit keltischen Wurzeln. Die Hände eines heiratswilligen Paares werden in einer Hochzeitszeremonie mit einem Band umschlungen, was ihre Verbindung symbolisiert und als Wicca-, aber auch generell neuheidnisches Hochzeitsritual verwendet wird. Das Handfasting wird auch Hexenhochzeit genannt und gläubige Wicca-Paare nutzen vor allem das Beltane-Fest, um diesen einzigartigen Moment zu begehen.

Mögliche Wicca-Rituale für Beltane sind:

- Maibaum aufstellen
- Beltane-Altar gestalten mit Blumen, mit phallischem Symbol für den gehörnten Gott (etwa Geweihe, Schwerter, Pfeile oder Ähnliches) sowie mit Symbolen der empfangenden, fruchtbaren Göttin (alle Arten von Gefäßen, Schalen und Ähnlichem)
- Blumenkränze tragen
- Hexenfeuer mit Tanz
- Meditationen und Rituale rund um Liebe, Partnerschaft, Sexualität
- Handfasting-Ritual

Mögliches Ritual: Geführte Meditation zu Körperwahrnehmung & Selbstliebe

Audiodatei 2

„Hallo und herzlich willkommen. Schön, dass du da bist! In dieser Meditation geht es darum, für dich und deinen Körper zu sorgen. Denn deine Gesundheit ist überaus wichtig und bildet die Grundlage für alles Weitere in deinem Leben. Nutze daher diese Meditation als Gelegenheit für dich, um zu schauen, wie du momentan mit dir und deinem Körper umgehst und wie du für dich sorgst. Du kannst in dich, in deinen Körper, hineinspüren und fühlen, was du wirklich brauchst und wo du vielleicht noch besser für dich sorgen kannst. Ich wünsche dir nun ganz viel Freude und neue Erkenntnisse mit dieser Meditation.

Suche dir für die Meditation einen ruhigen Ort, an dem du für die nächsten zehn bis fünfzehn Minuten ganz ungestört für dich sein kannst. Begebe dich in eine angenehme Sitzposition, zum Beispiel auf einem

Stuhl oder in einen Schneidersitz auf deiner Yogamatte. Und wenn du eine angenehme Sitzposition gefunden hast, dann lade ich dich dazu ein, deine Augen zu schließen und bei dir anzukommen. Hier, in diesem Moment.

Nimm die Unterlage unter dir wahr. Spüre ganz deutlich, wo du bist, in diesem Raum, in diesem Moment. Nimm nun ein paar tiefe Atemzüge. Atme tief und genüsslich durch deine Nase ein und durch deinen leicht geöffneten Mund wieder aus. Deine Atmung fließt in einem sanften Rhythmus, so, wie es sich für dich gut anfühlt. Spüre, wie du mit dem langsamen Ein- und Ausatmen immer mehr entspannst, immer mehr ankommst, immer mehr bei dir sein darfst. Und spüre auch, wie du mit jedem Atemzug deinen Körper mit dem wertvollen und frischen Sauerstoff versorgst. Er gibt dir die Energie, dich und jede einzelne Zelle deines Körpers zu regenerieren. Indem du unzählige Male am Tag ein- und ausatmest, den frischen Sauerstoff ein-, die verbrauchte Luft ausatmest, unterstützt du deinen Körper, Kraft zu tanken. Dein ganzer Körper kann so wunderbar arbeiten. Ich möchte dich einladen, dir jetzt einmal folgende Fragen zu stellen:

„Sorge ich gut für mich und meinen Körper?“

„Versorge ich meinen Körper mit all dem, was er benötigt?“

„Trinke ich genug Wasser?“

„Versorge ich meinen Körper mit gesunden, frischen Lebensmitteln, die ihm guttun und mich gesund sein lassen?“

„Sorge ich für ausreichend Bewegung?“

„Sorge ich für ausreichend Entspannung und für genügend Schlaf?“

„Umgebe ich mich mit Leuten, die mir guttun, mir Energie schenken?“

„Habe ich genug Auszeiten und Momente, um einmal nur mir Gutes zu tun?“

Gehe all diese Dinge in deinem Kopf durch und überlege, wie es im Moment und in letzter Zeit bei dir war. Sei ganz ehrlich zu dir selbst. Es ist vollkommen ok, wenn du merkst, dass nicht alle Dinge so zutreffen. Dafür bist du ja hier. Jetzt, in diesem Moment. Und gerade jetzt schenkst du dir und deinem Körper einen Moment der Ruhe, der Achtsamkeit. Eine Auszeit, um einmal nur dir Gutes zu tun.

Und nun überlege einmal, was du vielleicht verbessern möchtest. Was möchtest du verändern? Frage dich: „Wie kann ich noch besser für mich sorgen? Wie kann ich mich noch besser fühlen?“ Dein Körper ist dieses Wunderwerk, in dem all deine Organe, all deine Körperteile, all deine Gedanken und Gefühle zusammenarbeiten – für dich und mit dir zusammen. Wie kannst du ihn dabei unterstützen? Wie kannst du mit ihm umgehen, damit es ihm und dir noch besser geht? All das, was du gern tust, all das, was du noch gerne erreichen möchtest – die Voraussetzung dafür ist dein Körper. Und zwar dein gesunder Körper. Darum fasse nun in dir folgenden Entschluss:

- „Ich sorge von jetzt an gut für mich.
- Ich schaue, dass ich genug schlafe; dass ich nährstoffreiche Lebensmittel zu mir nehme;
- dass ich genug trinke;
- dass ich mir Zeit für mich nehme;
- dass ich Spaß habe;
- dass ich auf meinen Körper höre;
- dass ich mich mit Menschen umgebe, dir mir guttun und
- dass ich in mich hineinfühle, was ich benötige.“

Fasse diesen Entschluss und spüre, wie gut es sich anfühlt, für dich sorgen zu wollen; dir und deinem Körper mit Achtsamkeit und Liebe zu begegnen. Denn du bist der Mensch, der dich bis zum Ende deines Lebens begleiten wird. Deshalb sage dir:

„Ich sorge gut für mich. Für meinen Körper. Für meinen Geist. Für meine Seele."

Lasse diesen Entschluss einen Teil von dir werden. Beachte, wie sich dieser Entschluss auf dein Leben auswirkt. Gehe dafür einmal den heutigen Tag, die nächsten Tage und Wochen in Gedanken durch. Schaue, was sich durch diesen Entschluss ändern darf.

- **Was möchtest du in dein Leben integrieren?**
- **Von welchen Dingen möchtest du dich verabschieden?**
- **Was möchtest du ändern?**

Vielleicht sind es nur einige Kleinigkeiten, vielleicht aber auch ein paar mehr oder etwas Größeres. All das ist gut, wenn es sich für dich richtig anfühlt. Vielleicht fallen dir auch nachher, morgen oder nächste Woche noch mehr Dinge auf, die du ändern möchtest. Gib dir Zeit für diese Veränderungen. Du darfst dabei stets liebevoll zu dir selbst sein. Es ist ein großer Schritt, so bewusst und achtsam für sich selbst zu sorgen.

Atme nun einige Male tief ein und langsam wieder aus und lasse so diesen Entschluss tief in deinen Körper und dein Bewusstsein einsinken. Wenn du magst, darfst du dir ein Lächeln schenken und dein Gesicht erstrahlen lassen. Kannst du spüren, wie gut sich das anfühlt?

Atme noch einmal tief ein und aus. Spüre in deinen Körper. Lege beide Hände auf dein Herz und bedanke dich bei dir, dass du dir die Zeit genommen hast, um diesen Entschluss für dich zu fassen und ihn in dir zu verankern. Es ist mutig, sich diese Fragen zu stellen und sie ehrlich zu beantworten, und es ist noch mutiger, entsprechende Änderungen daraus abzuleiten und sie aktiv in die Tat umzusetzen.

Und wenn du so weit bist, öffne sacht deine Augen und komme im jetzigen Moment an. Bleibe noch so lange in dieser Position, wie es sich für dich gut anfühlt. Bewege und strecke deinen Körper so, wie es sich für dich gut anfühlt. Und atme so, wie es sich für dich gut anfühlt. Ich wünsche dir einen tollen und energiereichen Tag und noch mehr Mut und Beständigkeit für die Änderungen, die du in dein Leben integrieren möchtest. Bis zum nächsten Mal!"

LITHA

Sommersonnenwende,
21. Juni, fix

Das nächste Fest im Wicca-Jahreskreis ist im Hinblick auf seine Bezeichnung zwar eine Neuschöpfung, inhaltlich steht es jedoch in reicher Tradition: Denn Litha ist sozusagen die Wicca-Variante des Mittsommerfests, das besonders in den skandinavischen Ländern eine überaus beliebte Feier mit langer Geschichte ist. Das Wort „Litha" hingegen ist eine relativ neue Bezeichnung, die erst seit den 1970ern verwendet wird und von Aidan Kelly, einem US-Wicca-Anhänger, eingeführt wurde. Die Idee dafür entnahm er einer historischen Mönchsschrift, in der das Wort allgemein die Monate des Sommers bezeichnete, ein geschichtlich-konkreter kalendarischer Rückbezug lässt sich allerdings nicht feststellen – es ist eben eine Neubezeichnung. Gefeiert wird Litha am 21. Juni, denn dieser ist in der Regel (zumindest auf der Nordhalbkugel) der längste Tag des Jahres. Auch der meteorologische Sommeranfang fällt auf diesen Tag. Für Wiccas, die sich mit ihren Festen schließlich am Jahreslauf orientieren und die Phänomene der Natur genau beachten, wird dann meist auch der exakte Tag als Feiertag genommen, wohingegen die traditionellen Mittsommerfeste etwa in Schweden eigene Regelungen haben.

Und worum geht's nun bei Litha? Nun, das lässt sich bereits denken: Es ist ein Fest der reinen, ausgelassenen Freude, des Überflusses und des Jubels, denn zu keinem anderen Zeitpunkt des Jahres kommen Mensch und Natur in den Genuss von mehr lebensspendendem Sonnenlicht als zu Mittsommer. Die Kraft des gehörnten Gottes ist auf seinem

Höhepunkt, was man daran sieht, dass auch im Tier- und Pflanzenreich ein Maximum an Lebendigkeit herrscht: Ob Enten, Rehe oder Füchse – der Nachwuchs ist nun da oder wird in Bälde geboren und sorgt für lebendigen Trubel, Sträucher und Bäume stehen im prächtigsten Blattkleid, Sommerblumen überziehen das Land mit Farbe und die ersten Pflanzen verwöhnen uns mit köstlichen Beeren. Die Göttin wird langsam zur Muttergöttin, nachdem sie seit der heiligen Hochzeit zu Beltane bereits den Samen für den Gott des neuen Jahres in sich trägt. Auch bei Eichen- und Stechpalmenkönig ist die Sache klar: Litha ist der triumphale Höhepunkt des Eichenkönigs, der erst danach langsam an Kraft verliert, bis er sich zu Mabon endgültig seinem dunklen Widersacher geschlagen geben muss.

Für die Menschen gilt: Die Sorgen und Nöte der kalten Jahreszeit sind weit weg, die Sonne wärmt in luftigen Kleidern, die Nächte sind kurz und mild, zu essen gibt es reichlich und der Herbst mit seinen üppigen Erntegaben steht erst noch bevor. Ausgelassene Freude ist also das oberste Gebot und entsprechend gestalten sich auch die Feierlichkeiten. Freudenfeuer sind das zentrale Element aller Litha-Feste, ganz genau so, wie man es auch von Mittsommer- bzw. Sommersonnenwende-Feiern kennt, und sogar im christlichen Jahreskreis findet sich mit dem Johannisfest und den dazugehörigen Johannisfeuern ein ähnlicher Anlass. Diese Feuer sind oftmals beeindruckend hoch, nicht selten steckt man meterhohe Holzstapel in Brand, die zuvor allerdings sachkundig aufgeschichtet werden mussten – oder aber man setzt auf kleinere Lagerfeuer, denn auch zu Litha ist unter Mutigen der Feuersprung beliebt.

Oft springen Paare gemeinsam über die Flammen und werfen dabei ein paar Blumen ins Feuer, was der Liebe Glück bringen und die Verbindung stärken soll. Auch musiziert wird zu Litha sehr gerne und selbstverständlich stehen reiche Festmahle im Mittelpunkt der Feiern.

Außerdem sind sowohl Wiccas als auch viele traditionsbewusste Bewohner Skandinaviens davon überzeugt, dass sie Litha nicht alleine feiern, ganz im Gegenteil: Die Sommersonnenwende gilt als Tag der Elfen, Feen und Elementargeister und dem Glauben nach tummeln sie sich an diesem Tag überall auf der Erde und können von aufmerksamen und stillen Besuchern an besonderen Naturplätzen ganz sachte wahrgenommen werden.

Neben der unbändigen Freude über die aktuelle Zeit des Überflusses gehört jedoch auch ein achtsames Wahrnehmen der Position auf dem Jahresrad für Wiccas zu Litha dazu: Denn ihnen ist wohl bewusst, dass sich nach diesem Tag des Licht-Triumphs die Vorzeichen wieder umkehren – die Tage werden kürzer, auch wenn sie noch lange die Nächte übertreffen, so ist der Zenit überschritten. Auch darauf bereiten sich die Hexen geistig vor, den ewigen Kreislauf der Natur nie vergessend und trotzdem vor allem feiernd, dass der Hochsommer und die Ernte noch vor ihnen liegen.

Mögliche Wicca-Rituale für Litha sind:

- großes Freudenfeuer oder kleines Lagerfeuer für den Feuersprung unter Liebespaaren
- Spaziergang mit „Kräuterlese": Was man an Litha findet, wird man im Winter benötigen, und man segnet es über dem Rauch des Litha-Feuers
- Gurte aus Johanniskraut flechten und tragen, da Johanniskraut als dem Lichtgott geweiht gilt
- üppiges Festmahl mit Beeren, Früchten, Kräutern, Getreide
- Meditation über Vorsätze, die bei früheren Festen gefasst wurden: Was davon wurde verwirklicht, wofür ist es nun an der Zeit, sich zu bemühen?
- die kürzeste Nacht des Jahres wachbleiben und am Feuer feiern
- Besuch bei Elementarwesen: Besondere Orte, etwa den Wald, Lichtungen oder andere, instinktiv als „machtvolle" Naturplätze empfundene Orte, aufsuchen und in Stille auf Wahrnehmung der elfenhaften Anderswelt-Gäste warten. Manche Menschen spüren ihre Gegenwart etwa als feines Kribbelgefühl auf der Haut. Vergessen Sie auf keinen Fall, den Wesen ein paar Geschenke bzw. Gaben mitzubringen und zu hinterlassen, Brotstücke oder ein Apfel sind hier beispielsweise geeignet.
- aus Blumen, Zweigen, Bändern oder Ähnlichem Kränze winden, in den Farben Gelb und Rot: An Türen angebracht sollen sie für Wohlstand und glückliche sexuelle Beziehungen sorgen
- Meditationen für Reichtum & volle Vorratskammern wirken an Litha besonders kraftvoll

- Altar dekorieren: Möglichst in Sonnenlicht aufstellen, in warmen Gelb-, Orange- oder Rottönen dekorieren und Sonnensymbole in den Mittelpunkt setzen. Das kann etwa das typische Sonnenrad sein, aber auch glänzende, runde Objekte oder Scheiben sind geeignet und zu Ehren des Eichenkönigs bieten sich auch Blätter und Nüsse dieses Baumes an.
- überall im Haus oder dort, wo gefeiert wird, spiegelnde Oberflächen verteilen, um ein Maximum an Sonnenlicht einzufangen und so den Sieg des Lichts zu symbolisieren

Mögliches Ritual zu Litha: Reinigungszauber

Litha ist ein guter Zeitpunkt für alle Zauber, die mit Heilung, Wunscherfüllung und Manifestation, Erfüllung, Glück, Erfolg und Anerkennung sowie mit der Liebe zu tun haben. Vorschlagen möchte ich hier einen einfachen Reinigungszauber, mit dem Sie negative Dinge aus Ihrem Leben entfernen und der sich wunderbar mit den Feierlichkeiten an diesem Tag verbinden lässt. Sie benötigen hierfür die folgenden Dinge:

- Boline
- Zwei selbst abgeschnittene Äste, am besten Haselnussholz
- Optional Wasserfarben, bunte Bänder, Perlen
- Maismehl

Nutzen Sie die frühen Morgenstunden, um sich geeignete Äste zu suchen und vom Baum oder Strauch zu schneiden, Sie können auch Äste verwenden, die auf dem Boden liegen. Die Äste sollten ca. 30 cm lang sein und einen Durchmesser von maximal 3 cm haben. Den Tag verbringen Sie nun bis zum Abend damit, sich im Freien der intuitiven Bearbeitung dieser Äste zu widmen. Dabei bearbeiten Sie zuerst einen Ast, in den Sie all Ihre Sorgen und Ängste transferieren. Sie können ihn mit der Boline bearbeiten, bemalen, Sigillen hineinritzen etc., was auch immer Ihnen intuitiv in den Sinn kommt. Bleiben Sie dabei fokussiert auf alles, was Sie belastet. Sobald dieser Ast fertig ist, wenden Sie sich dem nächsten zu, in den Sie all Ihre Wünsche transferieren. Bearbeiten Sie ihn auf die gleiche Weise, schmücken Sie ihn mit Farben, Bändern, Perlen und Symbolen, während Sie vollkommen auf Ihre Wünsche fokussiert sind. Beide Äste werden am Ende zu Pfeilen geschnitzt, das bedeutet, Sie müssen jeden an einem Ende anspitzen. So erhalten Sie einen Sorgenpfeil und einen Wunschpfeil. Damit sind die Vorbereitungen abgeschlossen, das eigentliche Ritual findet während der Feierlichkeiten am Abend statt. Sollten Sie noch keine Gruppe gefunden haben, mit der Sie diese begehen können, funktioniert der Zauber natürlich auch allein. Sie benötigen lediglich einen Ort in der Natur, an dem Sie ein Lagerfeuer entzünden können.

Im ersten Schritt werden Sie nun Ihren Sorgenpfeil dem Feuer übergeben und die Elementargeister des Feuers darum bitten, diese Sorgen zu transformieren und von Ihnen zu nehmen. Gehen Sie dabei in sich und lassen Sie diese Themen bewusst los, ganz im Vertrauen auf die Magie, damit diese auch wirken kann. Dann ist es erst einmal an der Zeit für ein paar Lieder und einen Tanz ums Feuer, in dem Sie sich wieder mit Ihrer Lebensfreude verbinden. Anschließend wählen Sie eine Stelle auf einer Wiese, die tagsüber von der Sonne beschienen wird, und streuen mit Maismehl eine Rune aus. Der Name der Rune lautet Ingwaz und sie sieht aus wie eine Raute. Ingwaz wird auch als der Wunschbrunnen bezeichnet und hilft dabei, alles, was sich in Ihrem Inneren befindet, zu manifestieren. In die Mitte dieser Rune stecken Sie nun Ihren Wunschpfeil in den Boden. Wenn Sie das Ritual in einer Gruppe durchführen, sollte die Rune entsprechend groß gezogen werden, damit alle Pfeile darin Platz finden. Dann fassen sich alle Versammelten an den Händen und bilden einen Kreis um die Rune. Sollten Sie allein sein, können Sie stattdessen visualisieren, wie Sie diesen Kreis mit Ihren Geistführern, Schutzengeln, Ahnen oder einfach geliebten, aber abwesenden Menschen bilden. Fokussieren Sie sich nun noch einmal ganz auf Ihre Wünsche und fühlen Sie die Freude, die Sie überkommen wird, sollten diese erfüllt werden. Bitten Sie die Naturgeister im Stillen darum, bei dieser Manifestation zu helfen. Nach diesem Ritual sollten Sie auch Ihre Wünsche im Vertrauen auf die Magie loslassen und sich voll und ganz den Feierlichkeiten zuwenden.

LUGHNASADH / LAMMAS

8. Vollmond nach Yule

Lughnasadh, auch Lammas genannt, ist eines der Erntefeste im Wicca. Die Aussprache ist auch hier für deutsche Zungen etwas gewöhnungsbedürftig und klingt in etwa wie „Luu-na-sah" und gefeiert wird das Fest am 1., bzw. am 1. und 2. August. Ernte – das klingt eher nach Herbst? Nun ja, der Augustanfang ist in der Wahrnehmung der meisten Menschen wohl so ziemlich der Höhepunkt des Sommers und nicht wenige genießen zu dieser Zeit ihren wohlverdienten Strandurlaub – beim aufmerksamen Blick in die Natur lässt sich jedoch nicht leugnen, dass das Jahr sich langsam in die Richtung der dunklen Hälfte bewegt.

Der längste Tag ist vorüber, die Nächte werden länger – auch, wenn sie noch eine ganze Weile kürzer als die Tage bleiben werden – und das frische Grün sowie das üppige Blühen in Feldern, Wald und Wiesen sind vorbei. Stattdessen kommt die Zeit der Reife und zu Lughnasadh wird die erste Ernte eingefahren.

Natürlich ist es noch nicht die Phase, die üblicherweise als Erntezeit bekannt ist und zu der es die typischen Erntezeit-Symbole, wie etwa Kürbisse, geradezu regnet, aber die Bauern sind bereits dabei, Getreide, Mais und die ersten Apfelsorten von den Feldern zu holen. Es ist gewissermaßen eine Zeit des Übergangs, die Hitze des Sommers lässt noch Leichtigkeit genießen und hält die Gedanken an Winter und Kälte fern, aber das Licht verabschiedet sich langsam und die Natur beginnt, ihre Gaben auszuschütten.

Auch für Göttin und Gott ändern sich die Verhältnisse: Die Göttin wird zur reiche Ernte spendenden Muttergöttin, die Versorgung und Sicherheit schenkt, sie gilt als Schnitterin mit der Sichel und wandelt sich langsam zur alten Weisen, der gehörnte Gott hingegen spürt seine Kräfte schwinden. Er weiß, dass seine wilde Jagd sich dem Ende zuneigt, er weiß, dass er im Herbst letztlich sterben wird, um im Winter das Totenreich zu beherrschen und schließlich wiedergeboren zu werden. Der Stechpalmenkönig sieht seine Zeit gekommen, in ihm wächst die Kraft, während der Eichenkönig seine Macht zunehmend verliert.

Und was hat es mit den eigentümlich klingenden Namen auf sich? Hier muss man erneut in die irische Sprachgeschichte blicken und findet Lughnasadh als „Tod des Lugh" übersetzt, wobei Lugh als antike Lichtgottheit gilt. Der Begriff Lammas hingegen hat einen altchristlichen Rückbezug, und zwar im angelsächsischen Sprachraum, wo man von so etwas wie „Loaf Mass Day", also „Brotmesse", sprach – also ein recht klassisches Erntedankbild.

Trotz allem Anklang des Vergänglichen, ein trauriger Tag ist Lughnasadh für Wiccas nicht, ganz im Gegenteil. Man feiert fröhlich den Überfluss, denn noch sind die Tage hell und warm und die Ernte beginnt gerade erst, der reiche Segen an köstlichen Vorräten steht also erst noch bevor. Auch der Opferaspekt nimmt einen wichtigen Platz in den Lughnasadh-Feierlichkeiten ein, denn die Notwendigkeit des gehörnten Gottes, sich gewissermaßen zu opfern, um den ewigen Kreislauf, das Fortbestehen des Lebens und ganz konkret das Überstehen der kommenden dunklen Jahreszeit zu sichern, steht im Mittelpunkt dieser Jahresphase.

Daher rührt auch das Bild der Muttergöttin mit der Sichel: Denn eigentlich schneidet sie nicht nur das Korn, sondern „opfert" im übertragenen Sinne schließlich auch ihren Gemahl, den Gott, um ihn im nächsten Jahr wieder zu gebären. Im Gedenken daran werden deshalb Brot aus dem ersten geernteten Getreide, Strohpuppen aus Korn oder andere Lebensmittel geopfert, zudem erhoffte man sich in früheren Zeiten vom rituellen Spenden der ersten Ernte an wohlwollende Gottheiten, dass die restliche Ernte reich ausfallen möge.

Heutzutage ist es auch üblich, das erste eingebrachte Getreide zu weihen und daraus das Brot zu backen, das Wiccas dann beim gemeinsamen Festmahl verzehren. Generell stehen zu Lughnasadh Besuche bei Freunden und Familie auf dem Plan, bei denen die ersten Erntefrüchte zusammen genossen werden, insbesondere Brote, Nüsse, Waldfrüchte und Äpfel sind traditionelle Speisen, getrunken werden Beerenwein und Obstsäfte – eben die ersten Gaben der Natur.

Darüber hinaus ist Lughnasadh neben Beltane ein beliebter Tag, um Ehen zu schließen. Früher war hier eine ganz besondere Tradition üblich, nämlich sogenannte Ehen auf Zeit. Potenzielle Brautpaare konnten an Lughnasadh eine Probe-Ehe eingehen, in der sie dann ein Jahr lang das Eheleben testeten und anschließend entscheiden konnten, ob Scheidung oder ewige Bindung daraus folgen sollten. Da es sich hierbei natürlich um keine staatlich anerkannte Form der Eheschließung handelt, ist das auch heute noch möglich und wird manchmal praktiziert. Einen großen Unterschied zu früher gibt es allerdings: Während in der keltischen Tradition dieses Probejahr in der Regel als gescheitert betrachtet wurde, wenn in der Zeit keine Kinder gezeugt wurden, so geht es heute um eine ganzheitliche und bewusste Entscheidung der Eheleute, ob das gemeinsame Leben bereithält, was man sich erhofft.

Mögliche Wicca-Rituale für Lughnasadh sind:

- Altar mit Kerzen in den Farben Gelb und Rot für das Licht der Sonne, dazu Erntesymbole wie etwa Sicheln, Kornähren, Maiskolben, Laib (selbstgebackenes) Brot, Wein
- rituelles Verzehren von Brot und Wein am Altar mit Bitte um reiche Erntegaben, Sie können zudem ein paar Getreideähren mit den Händen reiben, bis Körner herabfallen und Sie damit rituell den Samen für die Rückkehr des Lebens im nächsten Jahr als Frucht aus der Ernte dieses Jahres aussähen
- Meditation/Besinnung über die bisherigen Früchte des Jahres im übertragenen Sinne: Erinnern Sie sich der Vorsätze, die Sie bei anderen Ritualen gefasst haben, und betrachten Sie ganz aufrichtig, wie weit Sie damit gekommen sind. Wo haben Ihre Bemühungen Früchte getragen, was hat nicht geklappt, was haben Sie möglicherweise vernachlässigt? Setzen Sie sich ritualisiert spirituelle Ziele für den Rest des hellen Jahres: Was möchten Sie noch umsetzen, bevor die Zeit von Innehalten, Dunkelheit und Stillstand kommt?
- Brot aus dem ersten Getreide backen, opfern oder weihen und gemeinsam verzehren
- Strohpuppen aus Korn binden, die den scheidenden gehörnten Gott der Ernte symbolisieren. Sie können die Puppen in Flüssen oder auch im Feuer opfern, Sie können sie jedoch auch als symbolisches Versprechen auf die Rückkehr von Leben und Licht aufbewahren. Manche Wiccas folgen dem Brauch, jedes Jahr die aufbewahrte Puppe des Vorjahres als glückbringendes Ritual zu verbrennen und der neuen Puppe einen Platz

zu geben, auf dem sie das Jahr über die Erinnerung an wiederkehrendes reiches Leben wachhält.

• sich von Altem lösen, belastende Gewohnheiten ablegen: So, wie das Korn geschnitten wird, so lässt sich an Lughnasadh auch alter „Ballast" abschneiden und hinter sich lassen, ganz gleich, ob es sich um eine lästige Angewohnheit oder um bedrückende Erinnerungen handelt, die Sie eigentlich gerne aus Ihrem Leben verbannen möchten. Übergeben Sie diese Lasten einem Feuer, entweder rituell in Gedanken oder auch auf Papier notiert.

Mögliches Ritual zu Lughnasadh: Brot backen

3-Zutaten-Fladen – Abgewandelte Variante

Nährwerte p. P.: 124 kcal, 24 g Kohlenhydrate, 1 g Fett, 6 g Eiweiß

Portionen: 5
Dauer: 15 min
Schwierigkeitsgrad: Leicht

Zutaten
250 g Naturjoghurt
1 TL Weinstein-Backpulver
300 g Mehl

Zubereitung
1. Vermischen Sie das Backpulver und das Mehl in einer Rührschüssel miteinander. Heben Sie anschließend den Joghurt unter und rühren Sie die Menge zu einem Teig.
2. Formen Sie den Teig zu beliebigen kleinen Fladen. Rollen Sie die Fladen mit Mehl etwas aus.
3. Heizen Sie den Backofen auf 180 °C Umluft vor. Legen Sie Ihre Fladen auf ein Backblech mit Backpapier und backen Sie sie für zehn Minuten aus.

Tipp: Zu diesen Fladen schmeckt ein Kräuter- oder Knoblauch-Dip hervorragend.

MABON

Herbsttagundnachtgleiche,
21. September, fix

Mit dem achten Fest im Wicca-Jahreskreis kommen wir nun zur letzten Feierlichkeit, bevor sich mit Samhain das große Rad wieder von vorne zu drehen beginnt: Mabon, gewissermaßen das zweite Erntefest, das sowohl zeitlich als auch inhaltlich viel mit dem allgemein bekannten Erntedankfest gemeinsam hat. Datiert wird es auf den Zeitpunkt der Herbsttagundnachtgleiche – auch Äquinoktium genannt –, Tag und Nacht sind dann in etwa gleich lang.

Mabon als Festbezeichnung entstammt ebenfalls dem modernen Wicca, nimmt dabei jedoch Bezug auf eine Figur altwalisischer Mythologie, nämlich Mabon fab Madron, Sohn der Göttin Modron, der das Licht des Herbstes symbolisiert. Die Aussprache fordert in typisch walisischer Manier deutsche Zungen erneut heraus und klingt etwa wie „Mäi-Bon", es hat sich aber mittlerweile auch die schriftgetreue Aussprache etabliert; alternative Bezeichnungen für das Fest sind Alban Elued oder Elved, manchmal wird es auch Fest von Avalon genannt.

Der Zeitpunkt des Festes verrät auch hier schon viel über seinen Inhalt: Nach hochsommerlichen Freuden der ersten Kornernte zu Lughnasadh macht man sich nun über Sommer, Licht und lange Tage keine Illusionen mehr. Ende September sind die Tage bereits deutlich kürzer geworden, das Licht verabschiedet sich wahrnehmbar aus der Welt, warme Jacken, Regen, Nebel und kalte Herbstwinde ziehen in den Alltag ein. Zwar mag es auch bis in den Oktober hinein noch warme, sonnige Tage geben, aber man spürt deutlich, dass die Sonne an Kraft verloren hat und den Kampf gegen den Winter schon bald verlieren wird.

Die Muttergöttin hat ihre reiche Ernte verteilt, sie ist nun langsam die alte Weise und ihr Gemahl, der gehörnte Gott, der jetzt auch als Personifikation des Erntegotts betrachtet wird, stirbt irgendwann im Laufe dieses Herbstes seinen notwendigen Tod. Der Stechpalmenkönig hat an Kraft gewonnen, zur Mabon-Zeit besiegt er schließlich den Eichenkönig – seine Herrschaft des Sommers und des Lichts findet endgültig ein Ende.

Überall in der Natur stehen die Zeichen auf Vergänglichkeit: Das Laub färbt sich erst leuchtend gelb und rot, bevor es schließlich das typische Braun von Verrotten, Verfall und Tod annimmt.

Grund zur Traurigkeit haben Wiccas allerdings nicht. Denn zunächst einmal ist Mabon für sie das Haupt-Erntefest, in großen Teilen ein klassisches Erntedankfest, bei dem man die – hoffentlich reichen, bzw. vor allem ausreichenden - Gaben feiert und sich aus vollem Herzen bei der Natur bedankt für all die Früchte, das Gemüse, das Getreide und was sonst noch an überlebenssichernden Vorräten seinen Weg in die Scheunen und Speisekammern gefunden hat. Die Ernte ist nun abgeschlossen, alles, was die Natur zu geben hatte, ist eingesammelt und eingelagert, die Arbeit ist erledigt und nun ist Zeit für ein ausgelassenes Dankesfest.

Doch auch bei der Ernte selbst zeigt man sich bereits demütig und dankbar gegenüber der Natur: So werden traditionellerweise die letzten Getreidegarben auf dem Feld stehen gelassen oder man verzichtet darauf, die letzten Früchte zu ernten, was auch moderne Hexen im eigenen Garten ganz einfach praktizieren können. Dies ist ein Zeichen von Dankbarkeit und Respekt gegenüber der Natur und dem Erntegott, der nun schließlich sogar sein Leben hingibt für das Aufrechterhalten der ewigen Ordnung.

Aus altkeltischer Zeit existiert auch noch ein anderer Brauch, und zwar ging man davon aus, dass, während man ein Feld aberntete, sich mit jedem Bündel Korn, das man schnitt, die Energie aus diesem Bündel in die noch verbleibenden Ähren zurückzog und somit die letzte Getreidegarbe gefüllt mit all der Kraft der Ernte war. Deshalb wurde dieses Büschel oft hübsch geschmückt, etwa mit Bändern und Blumen, und als beliebtes Ritual wurden Kinder und auch schwangere Frauen darüber gehoben, auf dass sie mit der geballten Kraft der Natur gesegnet würden.

Mabon gilt auch als Zeitpunkt des Gleichgewichts. Die Ausgewogenheit zwischen Licht und Dunkel spiegelt sich auch im Menschen wider, es ist eine Phase, in der große innere Harmonie möglich ist und auch angestrebt werden sollte. Denn Wiccas nutzen Mabon nicht nur, um sich in ausgelassenen Feiern an der Ernte zu erfreuen, sondern auch, um sich vorzubereiten auf das, was nun kommt. Es wird eine Zeit der inneren Einkehr, eine Zeit der Beschäftigung mit sich selbst, mit dem, was einem wichtig und nahe ist, nicht zuletzt mit Familie und Häuslichkeit. In diese Phase treten Wiccas nun gestärkt und voller Energie, denn sie hatten den ganzen

Frühling und Sommer, um Sonne, Licht, Kraft und Wärme zu tanken und für die kalte Zeit zu speichern.

Damit wird Mabon auch zu einem besinnlichen Fest der ehrlichen Rückschau: Anders als zu Lughnasadh, als es noch galt, gefassten Plänen noch einmal einen Kick zu verpassen, wird jetzt Bilanz gezogen. Was haben wir erreicht und was nicht, warum sind uns manche Dinge nicht geglückt, was ist überhaupt in unserem Leben geschehen und was hat das mit uns gemacht? Es ist dann auch der Zeitpunkt für manch schmerzhafte oder wehmütige Erkenntnis: Nicht alles, was wir angelegt haben, ist es wirklich wert, mit über den Winter genommen zu werden – das kann für Projekte und Aufgaben genauso gelten wie manchmal auch für Beziehungen und Verbindungen. Doch neben den melancholischen Aspekten gibt es auch Anlass zur Dankbarkeit. Wiccas bedanken sich an Mabon nicht mehr nur für die reiche Ausbeute an Feldfrüchten, sondern für die Früchte des Jahres im ganzheitlichen Sinne. Es ist der perfekte Zeitpunkt, Revue passieren zu lassen, wofür man im Laufe des Jahres dankbar war, was man an Geschenken, Möglichkeiten und Erfahrungen entgegennehmen durfte. Diese Dankbarkeit richtet sich an Göttin und Gott für den Schutz und die Begleitung, die sie das ganze Jahr über gewährt haben, aber manchmal natürlich auch konkret an andere Menschen oder auch an sich selbst.

Gefeiert wird Mabon in bester Erntedank-Tradition dann auch gerne im großen Kreis. Ein Festmahl, mit dem für die Ernte gedankt wird, ist ein absolutes Muss, serviert werden traditionell Lebensmittel wie Brote und andere Getreideprodukte, daneben natürlich Nüsse, frisch geerntetes Obst und Gemüse, insbesondere Mais, Kürbis, Apfel und Trauben. Als Getränk reicht man Apfelwein, roten Wein oder Saft aus den letzten Sommerfrüchten. Feuer und Gesang gehören zu vielen Wicca-Mabon-Feiern, manche Hexen verbrennen auch hier bereits die Strohpuppen, die zu Lughnasadh gebunden worden sind.

Mögliche Wicca-Rituale zu Mabon sind:

- Herbsttypisches Festmahl im großen Kreis
- Danksagungen an Götter und Natur für die reiche Ernte sowie die Bitte, dass die Vorräte (auch im übertragenen, spirituellen Sinne) zum Überstehen der kalten Zeit reichen mögen
- Stehenlassen der letzten Ähren / Blumen / Früchte als Zeichen der Dankbarkeit
- Dankbarkeitsritual für Geschenke / Erlebnisse des Jahres. Tipp: Meistens sagen wir unseren Mitmenschen viel zu selten Danke, gerade, wenn es sich nicht um konkrete, einmalige Gefälligkeiten handelt. Setzen Sie sich in Ruhe hin und überlegen Sie, wer Ihnen dieses Jahr in irgendeiner Weise gut oder Gutes getan hat und bedanken Sie sich dafür einmal ausdrücklich, entweder persönlich, in einem Brief oder vielleicht mit einem kleinen (Erntedank-) Geschenk.
- Meditation / Besinnung: Was waren im übertragenen Sinne die Früchte des Jahres, welche Saat hat nicht ausgetrieben, was sollte zusammen mit dem Winter sterben, was soll im nächsten Jahr in einem neuen Versuch auferstehen?
- rund um Mabon: In der Nacht des Erntemondes, also dem Vollmond, der dem Herbstanfang am nächsten liegt, gehen manche Menschen gerne nachts auf ein abgeerntetes Feld. Diese Vollmondnächte sind oft ungewöhnlich klar und es ergibt sich eine einzigartige Atmosphäre, die die Einstimmung auf den Geist des Mabon-Festes sowie auf die kommende Zeit ganz besonders unterstützt.
- Altar dekorieren: Nutzen Sie Herbstfarben, also alle Farben der Blätter und Früchte bis hin zu Braun, gefüllte Erntekörbe, volle Blumenschalen und alles, was die Üppigkeit der erfolgreichen Ernte symbolisiert, eignet sich ebenso. Auch Symbole für das Gleichgewicht zwischen Licht und Dunkel machen sich gut auf dem Mabon-Altar, etwa schwarze und weiße Steine oder eine Waagschale.

Mögliches Ritual zu Mabon: Dankbarkeitsritual

Alles, was Sie für dieses Dankbarkeitsritual benötigen, sind viele Kieselsteine mit einem Durchmesser von ungefähr 3 bis 4 cm sowie einen schwarzen Edding. Die Vorbereitungen beginnen jedoch schon in der Woche vor Beginn von Mabon, die Sie nutzen, um herauszufinden, wofür Sie in diesem Jahr dankbar sind. Schreiben Sie sich alles in Stichworten auf und nutzen Sie für jedes Thema lediglich ein Wort. In dieser Zeit beginnen Sie außerdem, die Kieselsteine zu sammeln, dabei benötigen Sie für jedes Wort auf Ihrer Liste einen Stein. Wenn der Tag des Equinox gekommen ist, ziehen Sie sich in meditativer Stille an Ihren Altar zurück und entwerfen für jedes Wort eine eigene Sigille, die Sie dann mit dem Edding auf einen Stein malen. Wie man Sigillen entwirft, erfahren Sie im nächsten Kapitel. Sobald alle Steine fertig bemalt sind, nehmen Sie diese mit auf einen Spaziergang. Wählen Sie für dieses Ritual und für alle anderen des Jahreskreises einen persönlichen Kraftort aus, der Sie mit positiven Gefühlen und innerem Frieden erfüllt.

An diesem Ort platzieren Sie dann Ihre Dankbarkeitssteine, die Sie rein intuitiv anordnen und platzieren. Vielleicht verteilen Sie diese weitläufig oder konstruieren einen Steinhaufen. Nehmen Sie sich Zeit, geben Sie sich voll und ganz dem Gefühl der Dankbarkeit hin und bringen Sie Ihren persönlichen Göttern bei dieser Gelegenheit noch ein Opfer dar. Das Besondere an diesem Ritual ist, dass Sie Ihren persönlichen Kraftort damit bereichern, und das auf eine sehr lohnende Art und Weise. Indem Sie dort jedes Jahr Ihre Dankbarkeit zum Ausdruck bringen, wird der Ort sich immer stärker mit positiver Energie aufladen. Wann immer Sie dann später einmal einen schlechten Tag haben, können Sie diesen Ort besuchen und sich von seinen Energien wieder aufrichten lassen.

ESBATS – MAGISCHE ARBEITSTAGE

Die acht großen Festtage bzw. Feiertage des Wicca haben Sie nun kennengelernt, darüber hinaus gibt es jedoch noch 12 – manchmal sogar 13 – besondere Tage, die den Hexenjahreskreis strukturieren: Die Rede ist von den sogenannten Esbats, die im Gegensatz zu Jul, Samhain & Co. allerdings nicht als Feiertage, sondern ganz im Gegenteil als Arbeitstage gesehen werden. Das Wort Esbat geht übrigens auf das Altfranzösische zurück, wo es in Prozessunterlagen gegen Hexen zu finden ist und beschreibt, wie die vermeintlichen Hexen in ritueller Ekstase den Teufel angebetet haben sollen. Vom Teufel ist in den Wicca-Esbats selbstverständlich nichts zu finden, von Trance und Ekstase allerdings durchaus – also was hat es damit auf sich? Das Prinzip ist rasch erklärt: Die Esbats finden an Vollmond statt, es sind die Vollmondnächte eines jeden Monats und hier halten Wiccas magische Rituale ab. Üblicherweise gibt es pro Monat einen Vollmond, der im modernen Wicca auch jeweils eine bestimmte Bezeichnung hat. Die ursprünglich englischen Bezeichnungen sollen angeblich auf alte keltische Traditionen zurückgehen, allerdings gibt es keine Belege, dass bei den Kelten vergleichbare Vollmondnacht-Rituale tatsächlich existiert hätten. Für diese Bezeichnungen werden mittlerweile auch deutsche Übersetzungen verwendet, die jedoch erst aus jüngster Vergangenheit stammen und teilweise nicht sonderlich präzise sind.

Die Vollmondnacht-Namen lauten:

Januar: Wolf Moon – Wolfsmond
Februar: Storm Moon – Sturmmond
März: Chaste Moon – Reiner Mond
April: Seed Moon – Saatmond
Mai: Hare Moon – Hasenmond
Juni: Dyad Moon – Zweieinigkeitsmond
Juli: Mead Moon – Honigweinmond
August: Wort Moon – Schicksalsmond
September: Harvest Moon – Gerstenmond
Oktober: Blood Moon – Blutmond
November: Fog Moon – Schneemond
Dezember: Oak Moon – Eichenmond

In manchen Jahren ergibt sich ein 13. Vollmond, also ein Monat, in dem es zwei Vollmonde gibt, diesem wird eine ganz besondere Kraft zugeschrieben und man nennt ihn Blue Moon.

In diesen Vollmondnächten also ist die magische Kraft ganz besonders stark, denn die Zauberkräfte ziehen die Hexen schließlich aus der Anrufung der großen Göttin – der Mondgöttin. In diesen Nächten findet deshalb magische „Arbeit" statt, das heißt, es werden Rituale abgehalten, bei der die Kraft der Göttin in die sie anrufende Hohepriesterin übergehen soll. Dieses Ritual trägt einen klangvoll-schönen Namen, es ist das berühmte „Drawing Down the Moon", also „den Mond herabziehen", und was dabei stattfindet, ist nichts weniger, als dass die Göttin selbst bzw. ihre Kraft, in die anrufende Hohepriesterin fährt – die Priesterin also für den Moment gewissermaßen zur Göttin wird. Das Ritual wird im Kreis des Hexenzirkels abgehalten, wobei der Hohepriester der Anrufenden dabei behilflich sein kann, und schließlich wird die Energie an alle Ritualteilnehmer „weitergegeben". Die Hohepriesterin gerät dabei in einen Trance-Zustand, es handelt sich also um ein sehr intensives, mächtiges und wirkungsvolles Ritual, und falls irgendwie möglich, wird es natürlich draußen unter freiem Himmel durchgeführt. Auch als solitär praktizierende Hexe können Sie ein solches Ritual durchführen, wie genau das funktioniert – und zahlreiche weitere Rituale –, erfahren Sie in späteren Kapiteln dieses Buches, die sich ausschließlich mit der praktischen Anwendung von Magie und Hexentum befassen.

Neben dem Vollmondzeitpunkt, der heutzutage in vielen spirituellen Gemeinschaften als ganz besonderer Moment betrachtet wird und auch in vielen antiken Kulturen hohen Wert besaß, kennen Wiccas noch andere Nächte, die sich besonders für bestimmte magische Arbeit eignen. Hier sprechen wir von den **Schwarzmondnächten**, auch Neumond genannt, also jene Nächte, in der die Sichel des wieder zunehmenden Mondes noch so schmal ist, dass sie sich mit bloßem Auge nicht erkennen lässt. Die Rituale hier haben einen ganz anderen Charakter, denn der Schwarzmond gilt als Zeitpunkt, zu dem die Verbindung zum eigenen Unterbewusstsein ganz besonders ausgeprägt ist bzw. der Zugang dazu besonders weit offen steht. Es ist nicht nur am Himmel eine dunkle Phase, sondern auch in Ihnen selbst, denn wenn die unsichtbar schmale Sichel am Himmel steht, dann stehen in Ihrem Unterbewusstsein Ängste,

Unklarheiten und Beklemmungen so deutlich vor Ihrem Auge wie sonst nie. Die damit verbundenen Rituale können also durchaus schmerzend und herausfordernd sein, aber sie bieten auch ganz besondere Chancen. Es geht um Reinigung, um das Loslassen von Altem, Überholtem, es geht darum, zu erkennen, wenn man sich auf Irrwegen befunden hat, und um die oft schmerzhafte Abkehr davon. Dabei helfen Ihnen Träume, die Sie zu dieser Zeit deutlicher als sonst wahrnehmen – erfahrene Hexen erleben manchmal sogar Visionen und obwohl beide oft die wundesten Punkte tief in der Seele berühren, bieten Sie gerade dadurch die Möglichkeit zur Veränderung. Mit solchen Fragen rund um alte Verletzungen, seelische Lasten, falsch verfolgte Wege und Ähnliches beschäftigen sich dann auch die Rituale, besonders in Form von Meditationen oder auch Methoden wie Tarot, Pendeln und Runenorakel.

Mit den Sabbaten, den Vollmond-Esbats sowie den Schwarzmondnächten werden Sie als Hexe also durch das ganze Jahr geleitet und wenn Sie noch einmal kurz Revue passieren lassen, was dabei so alles stattfindet, werden Sie merken: Der Lauf der Natur und damit auch der Jahresverlauf, der sich in Ihrer seelischen Verfassung spiegelt, bekommt mit dem Wicca-Jahreskreis einen nahezu magisch perfekten Rahmen – eben der ewige Kreis, der das Leben an sich ausmacht. Auch hier sei noch einmal kurz angemerkt: Konkrete Rituale mit genauer Anleitung für Ihre ganz persönliche Durchführung finden Sie in späteren Kapiteln dieses Buches, hier haben Sie jedoch bereits einen guten Überblick erhalten, worum es bei einzelnen Feierlichkeiten und damit verbundener Ritualausübung schließlich im Kern gehen wird.

Mögliches Ritual zu Esbats: Pendeln – Ursachen von Erkrankungen

Thema: Ursachen für Erkrankungen

1. Strahlungen und andere Schadstoffbelastungen
2. Alte Narben
3. Virus
4. Bakterien
5. Parasiten
6. Übersäuerung
7. Allergie
8. Pilze
9. Störung des Hormonsystems
10. Luftverschmutzung
11. Sauerstoffmangel
12. Vergiftung
13. Fehlerhafte Körperhaltung
14. Zu wenig Wasser
15. Körperliche Unterforderung
16. Körperliche Überforderung
17. Geistige Unterforderung
18. Geistige Überforderung
19. Emotionale Unterforderung
20. Emotionale Überforderung
21. Mangelnde Fähigkeit zur Entgiftung
22. Mangelnde Fähigkeit zur Aufnahme lebenswichtiger Substanzen
23. Falsche Ernährung
24. Drogen
25. Süchte
26. Schwache Organe
27. Schwaches Immunsystem
28. Karma
29. Psyche
30. Unterdrückung von Emotionen
31. Negative Glaubenssätze und Denkmuster
32. Disharmonie des Ortes

33. Disharmonie in der Beziehung
34. Traumata und Missbrauch
35. Fehlende Erfüllung, mangelnde Selbstverwirklichung
36. Blockade der Chakren
37. Blockade der Meridiane
38. Die Antwort befindet sich nicht auf dieser Tafel
39. Fehler

Diese Aufzählung enthält die bekanntesten Ursachen für körperliche und geistige Erkrankungen. Fragen Sie Ihr Pendel, welcher der auf dieser Tafel aufgeführten Gründe für Ihre Beschwerden verantwortlich ist, um daraufhin an der Lösung des Problems zu arbeiten. Beachten Sie, dass es auch mehrere Ursachen geben kann, weshalb Sie immer fragen sollten, ob es noch weitere Gründe für Ihre Erkrankungen gibt. Wenn das Pendel mit „Ja" antwortet, beziehen Sie erneut diese Tafel in die Befragung ein.

Mögliche Fragen:

- „Welche Ursache liegt in meinen Zahnschmerzen?"
- „Woher kommt mein Schnupfen?"
- „Warum habe ich Probleme mit meiner Wirbelsäule?"
- „Woher stammen meine Kopfschmerzen?"

Eine Checkliste für das erfolgreiche Pendeln

o Pendeln Sie nur, wenn Sie körperlich und geistig die Voraussetzungen dafür erfüllen.

o Finden Sie heraus, zu welcher Tageszeit es am besten für Sie ist, zu pendeln. Jeder Mensch ist anders und jeder hat einen anderen Biorhythmus. Deshalb kann es sein, dass Sie zu gewissen Uhrzeiten nicht aufnahmefähig sind und das Pendeln deshalb nicht zu empfehlen ist. Ein paar Stunden später könnte das schon wieder ganz anders aussehen.

o Stellen Sie sicher, dass Sie sich an einem geeigneten Ort befinden, der ruhig ist und keine Störfaktoren zulässt. Schalten Sie Ihr Telefon stumm, bitten Sie Ihre Mitbewohner, Sie für die nächste Zeit nicht zu stören, und schließen Sie die Fenster, um Geräusche von außen zu mindern.

o Sorgen Sie für eine gute Beleuchtung und eine angenehme Atmosphäre.

o Tragen Sie bequeme, lockere und nicht einschnürende Kleidung.

o Meditieren Sie oder machen Sie andere Übungen zur Entspannung von Körper und Geist, bevor Sie mit der Sitzung beginnen.

o Haben Sie beim Pendeln keine Erwartungen und lassen Sie alle Gedanken gehen, die bestimmte Antworten erhoffen. Seien Sie offen für alle möglichen Ergebnisse.

o Erden Sie Ihre Füße auf dem Boden, aber überkreuzen Sie die Beine nicht. Das stört nur den Energiefluss durch den Körper.

o Achten Sie darauf, aufgewärmte Hände zu haben, denn kalte Hände und Finger hemmen den Fluss der Energie und damit die Bewegungen des Pendels. Reiben Sie gegebenenfalls Ihre Handflächen vor der Sitzung einige Zeit aneinander, um Sie so aufzuwärmen.

o Testen Sie stets Ihre Pendelfähigkeit, bevor Sie beginnen.

o Fokussieren Sie sich allein auf Ihre Frage, nicht auf Ihren Körper oder Ihre Gedanken.

o Überprüfen Sie jede einzelne der Antworten, die Sie erhalten haben.

o Verleihen Sie Ihr Pendel nicht.

o Verwenden Sie nur Materialien in der Nähe des Pendelplatzes, die keine statische Aufladung und keinen Magnetismus verursachen.

Die drei wichtigsten Pendeltipps auf einen Blick:

1. Schalten Sie Ihren Willen ab.
2. Stellen Sie Ihr Körpergefühl in den Hintergrund.
3. Haben Sie keine Angst vor den Antworten und der Wahrheit.

Hinweis: Eine größere Pendeltafelvorlage finden Sie im **Bonus** zum Download.

Emotionale Überforderung
Mangelnde Fähigkeit zur Entgiftung
Mangelnde Fähigkeit zur Entgiftung
Aufnahme lebenswichtiger Substanzen
Falsche Ernährung
Drogen
Süchte
Schwache Organe
Schwaches Immunsystem
Karma
Psyche
Unterdrückung von Emotionen
Negative Glaubenssätze und Denkmuster
Disharmonie des Ortes
Disharmonie in der Beziehung
Traumata und Missbrauch
Fehlende Erfüllung, mangelnde Selbstverwirklichung
Blockade der Chakren
Blockade der Meridiane
Die Antwort befindet sich nicht auf dieser Tafel
Fehler
Strahlungen und andere Schadstoffbelastungen
Alte Narben
Virus
Bakterien
Parasiten
Übersäuerung
Allergie
Pilze
Störung des Hormonsystems
Luftverschmutzung
Sauerstoffmangel
Vergiftung
Fehlerhafte Körperhaltung
Zu wenig Wasser
Körperliche Unterforderung
Körperliche Überforderung
Geistige Unterforderung
Geistige Überforderung
Emotionale Unterforderung

Wie sich Zauber zeigt

MAGIE IM INNEN, MAGIE IM AUẞEN

Mit „Fachwissen" rund um Wicca, Hexenbräuche, Glaubensinhalte und -traditionen sind Sie mittlerweile schon ganz gut ausgestattet – die Theorieprüfung haben Sie also gewissermaßen schon in der Tasche, aber klar ist: Wicca-Sein ist in erster Linie angewandte Praxis. Dafür ist natürlich Vorwissen unverzichtbar, aber Ihre Neugier darauf, endlich tatsächlich praktisch einzusteigen, ist mittlerweile vermutlich schon ziemlich angewachsen. Also fangen wir an – aber wie? Nun, wahrscheinlich einfach mit einem ganz einfachen Ritual, denken Sie sich vielleicht, aber dieser Weg wird nicht besonders weit führen. Ein Ritual abhalten in dem Sinne, dass Sie Schritt-für-Schritt-Anleitungen folgen wie etwa bei einem Kochrezept, wird am Ende ein ziemlich enttäuschendes Ergebnis bringen. Sie stellen Kerzen auf, dekorieren einen Altar, sprechen Formeln zum Ziehen eines Schutzkreises, dann vielleicht ein vorformuliertes Gebet und das war's. Dann stehen Sie da in Ihrem Kreis und warten darauf, dass etwas Großartiges passiert – und das wird eher nicht passieren. Warum? Weil alles, was über Magie passiert, letztlich nur aus Ihnen selbst passieren kann und dafür müssen Sie erst einmal in Kontakt kommen mit der uralten, mächtigen Kraft, die tief in Ihnen schlummert, aber vermutlich sehr lange gut verborgen gehalten wurde. Deswegen fangen wir nun tatsächlich praktisch an, aber nicht mit Ritualen, sondern mit der wichtigsten Grundlagenarbeit: mit dem „In-Kontakt-Kommen" mit Ihrer eigenen Magie. Was Sie dabei über sich selbst herausfinden werden, öffnet Ihnen das Tor in eine ganz andere Welt und zu einem völlig neuen Dasein, also wagen Sie den Schritt und folgen Sie mir auf den Pfad zu Ihrer Hexenkraft!

WIR ALLE TRAGEN MAGIE IN UNS – LERNEN SIE, SIE ZU NUTZEN

Ja, so einfach ist das: Sie tragen Magie in sich, ich auch, ebenso wie Ihr Nachbar und Ihre Vorgesetzte ganz genauso. Bei den meisten Menschen ist davon im Alltag allerdings nicht viel zu merken und die allermeisten Menschen sind sich dessen auch nicht einmal bewusst. Vielleicht gehören auch Sie zu denjenigen, die an so etwas wie „magische Kräfte in sich" noch keine Gedanken verschwendet haben und Ihr Interesse daran wurde erst kürzlich geweckt. Oder aber Sie beschäftigen sich schon länger mit dem Gedanken, jedoch ohne konkreten Ansatzpunkt, oder möglicherweise sind Sie auch schon einen Schritt weiter und haben an sich selbst Beobachtungen gemacht, die Ihnen gezeigt haben: Irgendetwas ist da. Ganz gleich, wie weit Sie auf Ihrem persönlichen Weg der Magie-Erkenntnis schon vorangeschritten sind, in Wicca einsteigen und Ihre Magie erforschen können Sie mit diesem Buch ab jedem beliebigen Startpunkt. Wenn Sie gerade erst Ihre Fühler ausstrecken nach den Kräften, die in Ihnen schlummern, dann tasten Sie sich Schritt für Schritt und vor allem mit Neugier und Bereitschaft zur Erkenntnis voran – wenn bestimmte Dinge Ihnen schon vertraut sind, dann können Sie den Absatz einfach überspringen – oder aus Interesse trotzdem durchlesen.

Also was bedeutet es, zu wissen, dass in jedem Menschen Magie liegt? Dazu gehen wir noch einmal zurück zu dem, was Sie im Kapitel über den Wicca-Glauben an Magie bereits gelesen haben. Dort haben Sie schon erfahren, dass es damit nichts Übersinnliches, Irrationales oder Spukhaftes auf sich hat, sondern dass Magie letztlich nichts anderes ist als die Fähigkeit, die Kräfte, die überall im Universum auf allen großen und kleinsten Ebenen wirken, wahrzunehmen, zu lenken und schließlich für sich und seine Zwecke zu nutzen. Diese Möglichkeit steht per se jedem offen, denn in jedem von uns wirken solche Kräfte. Ob man sie Chi nennt, Prana, Lebensenergie oder einfach ganz sachlich bei physikalischer Energie bleiben möchte, energetische Prozesse laufen in jedem Lebewesen ab und ohne diese Energie liefe in Ihrem Körper nichts – übrigens nicht einmal in Ihren Gedanken, die letztlich auch nichts als Energieströme sind. Für den bewussten Zugriff darauf reicht nüchterne Physik dann allerdings nicht aus.

Den Magie-Knopf drücken und schon funktioniert das mit der magischen Kraft, so läuft es leider nicht und das ist genau der Punkt, an dem viele Menschen sich fragen: „Und wie bekomme ich darauf Zugriff?" Die gute Nachricht zuerst: Erlernen kann das Schritt für Schritt jeder, bei dem einen geht es schneller, beim anderen langsamer und ja, das geht auch, wenn Sie in spiritueller Hinsicht blutiger Anfänger sind und noch so überhaupt keinen Zugang zu den Vorgängen jenseits von Technik, Biologie & Co. haben.

Zur Wahrheit gehört allerdings auch, dass die Sache Zeit braucht und Sie sich mit Nachdruck, Ernsthaftigkeit und Ausdauer damit beschäftigen müssen – auch, wenn Sie erst einmal eine ganze Weile lang überhaupt nicht das Gefühl haben, dass sich da etwas tut. Denn letztlich müssen Sie sich selbst näherkommen, den Anteilen in sich, die in Ihrem bisherigen Leben ein Dasein im Schatten Ihres Bewusstseins geführt haben, und das kann unterschiedlich kompliziert und auch anstrengend sein. Je nachdem, weshalb Ihnen der Kontakt zu Ihren magischen Fähigkeiten bislang fehlt, geht es dabei nämlich um die Überwindung verschiedener Hindernisse: Sie kamen bislang einfach nie auf die Idee und in Ihrem Alltag gab es nie Anlass dazu? Gratulation, dann steht mit Neugier, Lust und Durchhaltevermögen der Sache eigentlich nichts im Wege. Schwieriger wird es, wenn Sie eine Art von Widerwillen verspüren: Magie, das ist doch eigentlich Unfug, ich bin ein erwachsener, vernünftiger Mensch und ich habe immer gelernt, dass Zauberei und Hokuspokus einfach Unsinn sind. Keine Angst, die Magie tragen Sie trotzdem in sich, aber auf dem Weg dorthin müssen Sie zusätzlich Ihre ganz persönliche Hemmschwelle überwinden und lernen, sich zu erlauben, wirklich ergebnisoffen dafür bereit zu sein, Erfahrungen zu machen. Und noch eine dritte Ausgangssituation gibt es, bei der Sie mit Widerstand rechnen müssen: Sie haben tief in sich drin einen triftigen Grund, sich Ihre Magie vom Leib zu halten.

Magie ist Kraft, Magie setzt Kräfte frei, sie bringt uns notwendigerweise in direkten und unvermeidbaren Kontakt mit allerhand unbewussten Anteilen unserer Persönlichkeit, unserer Erfahrungen, Erinnerungen und Verletzungen. Es ist möglich, dass Sie Dinge mit sich herumschleppen, die Sie lange in dem entlegensten Winkel Ihrer Seele verstaut haben, und damit im Alltag gut zurechtkommen. Aus diesem Winkel werden Sie aber hervorkriechen, wenn Sie sich mit Ihrer Magie beschäftigen wollen, und so wird die Suche nach der Magie zwangsläufig auch zu einer Ausgrabung auf dem antiken Grabungsfeld Ihrer Psyche. Und wenn das nun nicht besonders verlockend klingt, sollten Sie daran denken: Darin liegt gleich im doppelten Sinne eine Chance. Zum einen schenken Sie sich selbst die Möglichkeit, mit Altlasten aufzuräumen (und wenn wir ehrlich sind, wissen wir alle: egal, wie gut wir solche Lasten auch verdrängt haben möchten, wir leben nicht unbeeinflusst von ihnen), zum anderen geben Sie sich die Freiheit, Ihre Magie zu entfalten und damit schließlich all das zu wirken, was im Wicca möglich ist.

Wenn Sie sich also zu der Reise entschlossen haben, dann fangen wir nun ganz praktisch an. Zwei effektive und vor allem auch gut erlernbare Schlüssel Richtung Magie sind Intuition und Achtsamkeit, wobei die beiden Faktoren sich auch gegenseitig bedingen und befördern können. Es handelt sich um ganz grundlegende Kompetenzen, die Ihnen gezielt den Weg zu den Aspekten in sich selbst zeigen, an die Sie mit bewusstem Denken und Wahrnehmen – also mit dem, was Sie üblicherweise tun – nicht herankommen.

Intuition

Beginnen wir mit der Intuition. Mit dem Begriff kann jeder etwas anfangen, manche glauben fest daran und richten ihr Leben stark nach dieser aus, andere hingegen geben sich größte Mühe, solchen vermeintlich irrationalen Humbug aus ihren Gedanken oder ihrer Entscheidungsfindung auszuschließen. Erlebt haben wir sie alle schon: Bauchgefühl, Eingebung, Intuition – wie auch immer Sie es nennen möchten, denken Sie einmal zurück und suchen Sie sich Momente, in denen diese Form der Wahrnehmung das bestimmende Element war. Ein Moment, in dem Sie vielleicht aus dem Nichts dachten, „Ich muss schnell in den Garten schauen, ob mit den Kindern alles okay ist", und dann haben Sie Ihren Kleinen gerade noch von der giftigen Pflanze weggezogen, die ihn bis dahin noch nie interessiert hatte. Ein Moment, in dem Sie auf der Autobahn das dringende Bedürfnis hatten, diesen einen Fahrer zu überholen und sich aus seiner Nähe zu bringen, und dann im Rückspiegel gesehen haben, wie er einfach ausgeschert ist und Sie gerammt hätte, wären Sie nicht rechtzeitig davon. Ein Moment, in dem Sie mit Beschwerden zum Arzt gegangen sind, die Sie eigentlich häufig haben – aber dieses eine Mal waren Sie auf einmal sicher, dass da mehr dahintersteckt und eine schnelle Diagnose hat tatsächlich geholfen. Es geht auch weniger dramatisch: Sie denken an jemanden und just in dem Moment ruft er an oder Sie müssen eine Entscheidung treffen, bei der die nüchterne Faktenlage Sie eigentlich Richtung „Ja" drängt, aber irgendetwas in Ihnen warnt ganz deutlich und im Nachhinein stellt sich das „Nein" als Glücksfall heraus.

Dass es Intuition gibt, haben Sie also ganz gewiss schon erfahren, und egal, ob Sie Intuition als logische Folge der Summe aller Wahrnehmungen und Erfahrungen, die Sie in Ihrem bisherigen Leben gemacht haben, begreifen oder bereit sind, die Brücke zu einer größeren, tieferen Macht in Ihnen zu schlagen – am Ende ist beides das Gleiche. Ihre Intuition wird zu einem Ihrer wichtigsten Werkzeuge auf der Suche nach der Magie sein und deswegen sollten Sie sie eifrig schulen. Also sehen wir uns im Folgenden ein paar Übungen an, mit denen Sie Ihren „Bauchgefühlmuskel" gezielt trainieren können.

Gefühls-Check-up

Die Übung können Sie problemlos und ohne Aufwand jederzeit im Alltag durchführen und das ganz ohne Hilfsmittel. Nehmen Sie sich einfach bewusst einen Moment Zeit, indem Sie ohne Vorbereitung und möglichst ohne Erwartungen in sich gehen und prüfen: Was fühle ich in diesem Moment ganz genau? Tun Sie es rasch und unvoreingenommen, sodass Sie sich selbst fast ein wenig damit „überraschen", und nehmen Sie sich dann kurz Zeit, genauer hinzusehen. Bewerten Sie nicht, ordnen Sie nicht ein, erklären Sie nicht, geben Sie sich keine Mühe, etwas zu ändern, sondern nehmen Sie nur den Status quo wahr: Sind Sie müde, rumort etwas in Ihnen, freuen Sie sich auf etwas, fühlen Sie Unruhe, ist Ihnen heiß, haben Sie ein schlechtes Gewissen, spüren Sie den Wunsch nach Bewegung, Essen, Sonnenlicht, einem Drink, einer Möglichkeit, Aggression abzubauen, etc.? Versuchen Sie, zu erspüren, wo und wie Sie das Gefühl empfinden, auch, wenn das zu Beginn ungewohnt scheint. Wahrscheinlich können Sie so manche Emotion durchaus lokalisieren und es muss nicht unbedingt die sprichwörtliche „Wut im Bauch" sein oder die „Beklemmung in der Brust". Machen Sie diese kurzen Zustandsabfragen zur Routine, etwa jeden Tag am Ende der Mittagspause, in der Straßenbahn, in der Kassenschlange, vor dem Sport oder nehmen Sie sich vor, beispielsweise dreimal pro Tag einen solchen Check-up durchzuführen, und legen Sie ihn immer wieder in neue Situationen. Weiter müssen Sie nichts tun, konzentrieren Sie sich nur ganz auf die Wahrnehmung und Sie werden feststellen, dass Sie mit Ihrer Analyse bald detaillierter und feinsinniger werden.

Ungute Gefühle an die Oberfläche holen

Vorfreude oder Schmetterlinge im Bauch sind toll, Erschöpfung oder Gereiztheit nicht – und daneben gibt es auch solche Gefühle, die nicht nur unangenehm sind, sondern von denen wir am liebsten gar nichts wissen wollen. Vor anderen Menschen verbergen wir sie sorgfältig und manche davon können wir uns nicht einmal selbst eingestehen: Wer möchte schon zugeben, dass er auf seinen Kollegen neidisch ist, weil dieser besser aussieht, gerade befördert wurde und eine wirklich umwerfende Frau hat? Wer möchte zugeben, dass er bestimmte Vorlieben, Fantasien oder Neigungen hat, für die man sich zutiefst schämt? Dass er sich eigentlich einsam fühlt, keinen Partner findet und auch nicht gerade die gewünschten Sozialkontakte hat? Eifersucht, Hass, Neid, Gier, Arroganz, Scham oder auch Ausgeliefertsein sind solche Gefühle, die wir auch vor uns selbst oft mit aller Macht verstecken, allerdings mit unguten Folgen. Denn die Gefühle sind trotzdem da, vom bloßen Unterdrücken verschwinden sie nicht – und was hat das mit Intuition zu tun? Erst einmal nichts, allerdings stellen solche unterdrückten Empfindungen eine absolut sturmsichere Barriere zwischen Ihnen und Ihrer Intuition dar, denn statt sich auf die feinsten Regungen aus Ihrem Unterbewusstsein zu konzentrieren, geben Sie sich alle Mühe, jede solcher Botschaften abzutöten. Wer an seine Intuition heranwill, der kommt auch um die schambehafteten Gefühle nicht herum, also werden Sie sich früher oder später die eigene Wahrheit zumuten müssen. Nähern Sie sich diesen unerwünschten Anteilen Ihrer Emotionen langsam und empathisch an. Konzentrieren Sie sich in Momenten, in denen Sie aufwallen, darauf, sie möglichst sachlich und genau zu betrachten und zu analysieren. Verurteilen Sie sich nicht, entschuldigen Sie sich nicht, sondern erlauben Sie zunächst einmal, sich die Existenz solcher Gefühle überhaupt einzugestehen. Wenn das in Akutsituationen zu belastend ist, warten Sie, bis Sie aus dem Moment hinausgekommen sind, und tasten sich in der Retrospektive heran.

Wichtig: Sie verspüren möglicherweise auch den Wunsch, diese Gefühle loszuwerden oder konstruktiver mit Ihnen umzugehen, und das ist absolut begrüßenswert – das kann aber je nach Emotion und Ursache eine sehr komplizierte Angelegenheit sein. Für die Intuitions-Schulung geht es zunächst einmal nur darum, Bewusstsein darüber zu erlangen. Alle weiteren Schritte können Sie sich selbstverständlich frei überlegen.

Tagesrückblick

Nehmen Sie sich am Ende jedes Tages kurz Zeit, um sich vor Augen zu führen, in welchen Situationen Sie mit Ihrer Intuition in Kontakt gekommen sind. Haben Sie eine Entscheidung nach Bauchgefühl getroffen? Haben Sie bei einer Entscheidung ein Bauchgefühl verspürt, sind diesem aber nicht gefolgt? Haben Sie Dinge „vorausgesehen", z. B. ein Kollegengespräch, Konflikte oder Ähnliches? Gab es Momente wie „Kinder im Garten", „Fahrer auf der Autobahn" (siehe Anfang des Kapitels)? Spüren Sie dann genau in diese Momente hinein und erforschen Sie: Lagen Sie richtig mit Ihrer Intuition? Wie genau hat sie sich angefühlt, wie äußert sich bei Ihnen persönlich das „Bauchgefühl", was exakt macht das vage „Etwas stimmt nicht" in Ihrer Empfindung aus? Übrigens: Wenn Sie einmal nicht richtig lagen mit einer vermeintlichen Intuition, dann heißt das nicht, dass Sie keine haben. Sie bedarf nur vielleicht noch ein wenig Übung und am Ende gilt: Auch die beste Hexe ist keine Wahrsagerin.

Intuition trainieren

Suchen Sie sich immer wieder gezielt Entscheidungen quasi zu „Trainingszwecken", also kleinere, nicht besonders bedeutsame Entscheidungen, bei denen Sie dann ganz bewusst in sich hineinspüren und rein nach Intuition entscheiden. Das können Dinge wie

- „dieses oder jenes Shampoo",
- „Haare kurz schneiden oder lang lassen",
- „Auto oder Bus nehmen",
- „Gemüseeintopf kochen oder Pizza holen",
- „diesen Heimweg oder jenen gehen"

sein – also Entscheidungen, die, aller Wahrscheinlichkeit nach, auch falsch getroffen kein größeres Unheil bringen. Nehmen Sie sich für diese unwichtigen Entscheidungen Zeit und horchen Sie aufmerksam in sich hinein, um die Intuitionsanzeichen, die Ihr Unterbewusstsein Ihnen sendet, überhaupt erst erkennen zu lernen. Der große Vorteil besteht natürlich darin, dass Sie hier quasi beliebig oft üben können und außerdem keine ernsten Konsequenzen befürchten müssen.

Intuitionstraining Nummer 1: Meditative Praktiken

Um Ihre innere Stimme laut und deutlich hören zu können, müssen Sie zunächst das Geplapper des inneren Gedankenchaos leiser stellen. Das gelingt am besten durch meditative Praktiken. Die wohl bekannteste ist die klassische Meditation, aber auch Yoga oder andere Sportarten sind Techniken zur Beruhigung, Entspannung und Öffnung des Geistes. Selbst das Malen, Singen oder Tanzen haben den gleichen Effekt. Alle Tätigkeiten, die so einnehmend sind, dass der Geist keine Zeit hat, um seine üblichen ablenkenden Kommentare zu geben, können zu einer Meditation werden.

Meditieren Sie jeden Tag mindestens einmal. Das können auch nur fünf Minuten sein, wenn Sie nicht mehr Zeit finden. Nach dem Aufstehen und vor dem Schlafengehen sind eine vorteilhafte Zeit, doch auch in der Mittagspause auf der Arbeit wird das Meditieren einen beruhigenden und entspannenden Effekt auf Sie haben, von dem Sie noch den gesamten Tag profitieren werden.

Audiodatei 3 + 4

Bewegen Sie sich regelmäßig. Suchen Sie sich eine Sportart heraus, an der Sie viel Freude haben und bei der es Ihnen leichtfällt, sie öfter auszuüben – bestenfalls mehrmals die Woche. Yoga ist als meditative Praxis eine der besten Bewegungsarten, da dort gezielt an der Vereinigung zwischen Bewegung, Atem und dem Geist gearbeitet wird.

Erlernen Sie etwas Neues, das Ihre künstlerische Ader fördert. Ob Singen, Tanzen, Malen oder Ähnliches: Tun Sie sich Gutes und fördern Sie gleichzeitig Ihre Intuition, indem Sie kreative Dinge ausüben, die Ihnen Spaß machen.

Intuitionstraining Nummer 2: Unvoreingenommenheit und Offenheit

Für eine echte intuitive Eingebung müssen Sie unvoreingenommen sein und das Bauchgefühl zulassen können, selbst dann, wenn es Ihnen möglicherweise eine Antwort liefert, die Ihnen auf den ersten Blick nicht gefällt.

Schulen Sie Ihren Geist, offen zu sein. Wann immer Sie im Alltag bemerken, dass Sie in Ihren Gedanken oder Worten etwas oder jemand anderen bewerten, werden Sie sich diesem Umstand bewusst. Manchmal laufen gewisse Gedankenprozesse wie automatische Programme in unserem Geist ab, ohne dass wir es in dem Moment überhaupt aktiv wollen. Indem Sie bemerken, wann Sie sich gegenüber anderen Sichtweisen, Meinungen und Lebensstilen verschließen und voreingenommen reagieren, können Sie dieses Verhalten nach und nach ablegen. So schulen Sie sich, offen für alles, darunter auch Ihr Bauchgefühl, zu sein. Dies ist übrigens auch eine hervorragende Übung zur Verbesserung der Achtsamkeit.

Intuitionstraining Nummer 3: Verbesserung der Wahrnehmung

Wollen Sie eine klare Eingebung erhalten, sollten Sie in der Lage sein, die Situation mit einer präzisen und klaren Wahrnehmung einschätzen zu können. Die Achtsamkeit zu schulen, wird Ihnen dabei helfen, auch die kleinen Details zu entdecken und das Wichtige vom Unwichtigen differenzieren zu können.

Achten Sie stets auf Ihre Sinneseindrücke. Was sehen Ihre Augen, was hören Sie, was riechen Sie, was fühlen Sie, was schmecken Sie und was sagt Ihre innere Stimme? Schließen Sie keine Ihrer persönlichen Empfindungen jemals aus, auch wenn es Ihnen manchmal vielleicht komisch oder ungewöhnlich vorkommt, so zu empfinden. Doch alles, was Sie wahrnehmen, entspricht Ihrer Realität und sollte demnach beachtet werden.

Machen Sie Achtsamkeitsübungen. Erleben Sie Ihren Alltag ganz bewusst, zum Beispiel, indem Sie die kleinen Details wahrnehmen.

- Wann immer Sie essen, tun Sie dies mit Achtsamkeit. Involvieren Sie all Ihre Sinne, indem Sie die Mahlzeit genaustens betrachten, den Geruch tief einatmen, die Konsistenz mit der Zunge erfühlen, jede Geschmacksknospe aktivieren und langsam essen. Verbannen Sie all Ihre Alltagsgedanken und konzentrieren Sie sich allein auf die Nahrungsaufnahme.
- Auch das Warten an der Ampel oder an der Supermarktkasse ist die perfekte Möglichkeit, um Achtsamkeit zu praktizieren. Statt sich über die lange Wartezeit aufzuregen, könnten Sie die Zeit nutzen und eine Mini-Meditation einbauen. Atmen Sie dafür einfach nur ganz bewusst ein und dann wieder aus. Achten Sie allein auf Ihren Atem.
- Jeder Schritt, den Sie gehen, könnte eine achtsame Übung sein. Wenn Sie das nächste Mal einen Spaziergang machen, konzentrieren Sie sich auf Ihren Körper, wie er ein Bein nach dem anderen nach vorne setzt, die einzelnen benötigten Muskeln anspannt und andere wiederum gedehnt werden.

Das sind die einfachsten Varianten, um sein Bewusstsein zu stärken, ohne gleichzeitig zu viel Zeit zu investieren. So haben quälende Alltagsgedanken keine Chance mehr und Ihre Intuition kann sich bemerkbar machen.

Intuitionstraining Nummer 4: Erweiterung des Wissens

Da die Intuition sich einerseits aus den Emotionen sowie Gefühlsimpulsen und andererseits aus dem im Leben angereicherten Wissen, also der Ratio und der Vernunft, zusammensetzt, ist es wichtig, dass Sie Ihr Wissen erweitern, indem Sie Erfahrungen sammeln. Ein Sportler zum Beispiel fängt einen Ball intuitiv. Da alles so schnell geht und sein Gehirn keine Zeit hat, um alle Informationen zu verarbeiten, muss er sich nach seinem Bauchgefühl richten. Doch je mehr der Sportler trainiert, also je mehr er über das Ballfangen lernt und Erfahrung darin sammelt, desto mehr wird auch seine Intuition geschult werden. Das Ergebnis ist ein Sportler, der den Ball noch besser und noch sicherer fangen wird.

Erweitern Sie Ihr Wissen. Sammeln Sie Informationen aus verschiedensten Quellen zu den Themen, die Sie interessieren, um sich weiterzubilden. Seien Sie wie ein Schwamm, der alles unvoreingenommen aufsaugt und offen für alle Informationen ist. Ob durch das Lesen von Büchern oder Zeitschriften, das Surfen im Internet, das Interviewen von Experten oder das Unterhalten mit erfahrenen Menschen – jede Art von Wissen wird Sie weiterbringen. Je mehr Informationen in Ihrem Gehirn im Bewusstsein oder im Unterbewusstsein gespeichert werden können, desto mehr Informationen stehen auch Ihrer Intuition zur Verfügung. So werden Ihre intuitiven Bauchentscheidungen sicherer und konkreter.

Intuitionstraining Nummer 5: Empathie

Eine ausgeprägte Empathie, also die Fähigkeit, sich in seine Mitmenschen einfühlen zu können, wird Ihre Intuition stärken, da die zwischenmenschliche Verbundenheit eng mit dem sechsten Sinn zusammenarbeitet.

Versetzen Sie sich in die Lage Ihres Gegenübers. Machen Sie es sich zur Übung, wann immer Sie sich mit einem Mitmenschen unterhalten, die Welt aus seiner Sichtweise sehen zu wollen. Besonders hilfreich ist diese Technik bei einem Streit, denn er kann sich schneller wieder auflösen, wenn sich die beteiligten Parteien aufeinander einstellen und einfühlen können.

Intuitionstraining Nummer 6: Kommunikation mit dem eigenen Bauchgefühl

Zu guter Letzt sollten Sie sich besonders zu Anfang, wenn Sie Ihre Intuition noch nicht so eindeutig von Ihren restlichen Gedankengängen unterscheiden können, gezielt Zeit und Raum nehmen, um dem Bauchgefühl zu lauschen.

Beginnen Sie damit, aktiv mit Ihrem Bauchgefühl zu kommunizieren. Dabei kann es helfen, dass Sie sich direkt selbst Fragen stellen, wie zum Beispiel: „Was rätst du, meine Intuition, mir bei diesem Problem?“ oder „Was hältst du für die richtige Entscheidung?“ Möglicherweise werden Sie sich dabei komisch vorkommen, doch diese Technik ist sehr effektiv. Im Laufe der Zeit werden Sie immer seltener aktiv nachfragen müssen, denn wenn Ihre innere Stimme gestärkt ist, wird Sie Ihnen auch Antworten ohne Nachfragen liefern.

Intuitives Schreiben

Das intuitive Schreiben, auch automatisches Schreiben oder Free Writing genannt, ist eine fantastische Möglichkeit, mit unbekannten Anteilen der eigenen Psyche in Kontakt zu kommen – und keine Angst, dafür brauchen Sie kein begabter Autor zu sein. Rechtschreibung und Wortgewandtheit sind hier ganz egal und auch, ob Ihnen überhaupt etwas einfällt – Ihnen wird nämlich etwas einfallen! Genau darum geht es beim intuitiven Schreiben: Stift in die Hand und los, am besten ganz ohne Nachdenken. Idealerweise fließen die Worte, Satzfetzen, Gedanken dann nur so aufs Papier und Sie werden verblüfft sein, was da alles zutage kommt. Da die meisten Menschen hier zu Beginn eine gewisse Hemmschwelle haben, gibt es auch ein paar Ideen, mit denen Sie zunächst einsteigen können. Beginnen Sie Sätze wie

"Gerade denke ich, dass ...",
"Ich hätte gerne ...",
"Woran ich mich erst gestern erinnert habe, ist ...".

Das sind nur ein paar beliebige Beispiele, Sie können alles verwenden, was Ihnen hilft, diesen anfänglichen Moment der Blockade zu überwinden, und dann sehen Sie Ihren Gedanken beim Strömen zu. Es braucht ein wenig Übung, bis Sie hier wirklich in eine Art Flow verfallen, und dann können die erstaunlichsten und unterschiedlichsten Dinge dabei herauskommen. Einmal reihen Sie vielleicht anscheinend völlig beliebig Worte aneinander, beim nächsten Mal logische Satzstrukturen mit absurdem Inhalt und ein anderes Mal kommen Sie ganz unvorbereitet einem großen, mächtigen und wichtigen Gedanken auf die Spur, der in Ihrem kontrollierten Bewusstsein noch nie die Chance hatte, ans Tageslicht zu treten. Was auch immer Sie dabei zu Papier bringen, es intensiviert den Austausch mit Ihrem Unterbewusstsein und kann Ihnen ganz enorm dabei helfen, sich unbewussten Anteilen und damit dem Schlüssel für Intuition anzunähern. Machen Sie das Ganze regelmäßig und häufig, es müssen keine langen Intervalle sein, ganz nach Ihren Vorlieben.

Übrigens: Nehmen Sie wirklich Stift und Papier und nicht die Laptop-Tastatur – denn die direkte Verbindung zwischen Gehirn und den Bewegungen Ihrer Hand ist hier Gold wert.

Achtsamkeit

Kommen wir nun zum nächsten Aspekt, der sich eigentlich mit der Intuition gegenseitig bedingt: die Achtsamkeit. Es handelt sich dabei um eine wissenschaftlich entwickelte Methode, die mittlerweile weltweit im Zuge verhaltenstherapeutischer Maßnahmen angewandt wird und dabei beeindruckende Ergebnisse liefert. Vom Molekularbiologen Jon Kabat-Zinn wurde das MBSR (mindfulness-based stress reduction) genannte Achtsamkeitstraining auf der Basis buddhistischer Meditationstradition ursprünglich für Schmerzpatienten entwickelt, mittlerweile nutzen es Therapeuten für viele Anwendungsfelder und vor allem auch Menschen, die keine psychische Erkrankung haben, sondern einfach für mehr Ausgeglichenheit, Entspannung und Bewusstheit in ihrem Alltag sorgen möchten. Denn von der denkbar simplen Methode profitieren auch Laien in Eigenregie und die direkteste Wirkung ist zunächst, mit seinen Wahrnehmungen in Kontakt zu kommen – also genau das, was wir für unsere Intuitions- und Magiesuche wollen.

Dabei ist das Wort Programm: *Achtsam*keit – wir werden also achtsam für alles, was in uns vorgeht. Damit ist auch die Methode im Prinzip schon beschrieben, man hält simple „Meditationen" ab, in denen sich alles um die präzise Wahrnehmung dreht. Ein beliebtes Beispiel ist die Atemmeditation.

Atemmeditation

Setzen Sie sich bequem, möglichst aufrecht und an einem ungestörten, angenehmen Ort hin und schließen Sie die Augen. Atmen Sie nun bewusst gleichmäßig und tief aus und ein und fokussieren Sie sich dabei ganz konzentriert auf jede noch so kleine Wahrnehmung, die Sie dabei machen können: Der Luftzug in den Nasenflügeln, ein leichter Kältereiz, das Dehnen des Brustkorbs, vielleicht ein Trockenheitsgefühl im Rachenraum, ein Kitzeln auf der Lippe. Bleiben Sie nicht beim bloßen Fühlen, sondern nehmen Sie auch andere Sinne mit dazu: Hören Sie feines

Strömen, vielleicht ein Geräusch des Luftwiderstandes in der Nase, womöglich schmecken Sie auch etwas. Konzentrieren Sie sich nur auf diese Wahrnehmungen und lassen Sie anderen Gedanken keinen Raum. Nehmen Sie den Gedanken oder das Gefühl wahr, erkennen Sie an, dass es da ist, lassen Sie es dann bewusst davongleiten und wenden Sie Ihre Aufmerksamkeit wieder Ihrem Atem zu. Sagen Sie sich innerlich: „Ah, da ist dieser Gedanke, ich habe es registriert, nun treibe davon." Nehmen Sie noch einen tiefen Atemzug durch die Nase ein, halten Sie den Atem kurz und lassen Sie ihn gehen. Atmen Sie noch einmal tief durch die Nase ein, halten Sie den Atem und lassen Sie ihn gehen. Und wenn Sie so weit sind, öffnen Sie sacht Ihre Augen und kommen im jetzigen Moment an. Bleiben Sie noch so lange in dieser Position, wie es sich für Sie gut anfühlt. Bewegen und strecken Sie Ihren Körper so, wie es sich für Sie gut anfühlt. Und atmen Sie so, wie es sich für Sie gut anfühlt. Ich wünsche Ihnen einen tollen und energiereichen Tag. Bis zum nächsten Mal!

Sie werden wahrscheinlich sehr schnell feststellen, dass es eine schier unmögliche Aufgabe ist, anderen Gedanken keinen Raum zu geben. Ihr Geist wird im Buddhismus als „monkey mind" bezeichnet und ganz genauso benimmt er sich auch: Er hüpft wild und rastlos umher, springt vom einen Ast zum nächsten, kreischt dabei herum und sorgt insgesamt betrachtet für wenig angenehmes Chaos. Sie denken an das Streitgespräch im Büro, an die Wäsche, die noch zusammengefaltet werden muss, an das leckere Curry vom Mittagessen, ach, verdammt, und dann war da dieser Anruf, den Sie vergessen haben, hoffentlich ist heute Abend nicht wieder so ein Stau, die Hose zwickt heute ein bisschen unangenehm, warum ist es hier drin eigentlich so warm und was wohl meine Tochter aus der Schule erzählen wird? So oder so ähnlich wird es in Ihrem Kopf vermutlich ablaufen und genau diesen Affengeist gilt es nun, Stück für Stück ein wenig einzuhegen. Ihre Aufgabe besteht nun darin, während dieser Meditationen möglichst auf Ihren Betrachtungsgegenstand (in diesem Fall Ihren Atem) konzentriert zu bleiben und aufkommende Gedanken wie in der Meditation zu behandeln: Er darf davonschweben und dann konzentrieren Sie sich wieder auf Ihren Meditationsgegenstand, Ihren Atem. Dabei sind zwei Dinge wichtig.

Erstens: Bewerten Sie nicht. Ob Sie sich nun ärgern oder traurig sind, ob ein stressender Gedanke aufkommt, Sie ein unangenehmes Gefühl verspüren oder sogar Schmerzen – bewerten Sie sämtliche Gedanken und Gefühle entgegen den üblichen Reaktionsmustern nicht, sondern nehmen Sie einfach nur neutral wahr und lassen Sie sie davontreiben.

Zweitens: Kehren Sie immer wieder zu Ihrem Meditationsinhalt zurück, auch, wenn Sie zwei Sekunden später erneut abschweifen. Das ist völlig normal, darauf ist unser Geist trainiert und es wird einige Zeit brauchen, bis Sie hier eine Veränderung bemerken. Das ist kein Problem, damit ist die Meditation nicht gescheitert, ganz im Gegenteil ist genau dies der Inhalt von Achtsamkeitstraining und langsam, Schritt für Schritt, werden Sie merken, dass es Ihnen leichter fällt, Ihre Gedankensprünge zu kontrollieren. Ganz wird das nie gelingen und das muss es auch nicht, aber Sie schulen dabei Ihren Geist ganz ausgeprägt in der achtsamen Wahrnehmung und auch in der Regulierung Ihres emotionalen Lebens.

Rosinen-Meditation

Wenn Ihnen Ihr Atem auf Dauer zu langweilig wird, gibt es übrigens auch noch viele weitere Möglichkeiten: Bei der Rosinen-Meditation etwa verspeisen Sie achtsam drei Rosinen (oder Trauben, Nüsse, Oliven, was Ihnen eben schmeckt) und konzentrieren sich auf jede Einzelheit:

- das Gefühl der platzenden Frucht,
- der Druck auf den Zähnen,
- der Geschmack,
- Feuchtigkeit im Mund,
- das Gefühl Ihrer arbeitenden Kaumuskulatur etc.

Die Geh-Meditation nimmt jeden einzelnen Schritt bedächtig unter die Lupe, bei der Sitzmeditation geht es um alle Wahrnehmungen des Sitzens – letztlich können Sie fast alles zum Gegenstand einer Achtsamkeitsmeditation machen, was simpel und ungestört zu beobachten ist, also etwa Bügeln, Zähneputzen und vieles mehr. Was Sie als Hexe davon haben? Mit der geschulten Achtsamkeit fördern Sie erneut Ihre intuitiven Fähigkeiten, darüber hinaus etablieren Sie jedoch auch einen stabilen, detaillierten und kraftvollen Zugang zu Ihrem Emotionserleben und lernen auf diese Art auch, Kontrolle auszuüben, Kontrolle über Ihre Gedanken, die wiederum nichts anderes als Energie und Kraft sind – womit sich der Kreis zu den magischen Kräften, die Sie eines Tages nutzen können wollen, schließt. Sich selbst darauf vorzubereiten, Magie wahrzunehmen und entwickeln zu können, ist das eine – das andere ist die spannende Frage: Was ist da eigentlich schon da? Denn in jedem liegt nicht nur die Fähigkeit, Magie zu erlernen, sondern Funken davon tragen Sie auch schon längst mit sich herum. Also versuchen wir im nächsten Schritt, herauszufinden, welche magischen Anteile Ihre Persönlichkeit schon längst für Sie bereithält.

Die richtige Intuition

Da ist zum einen die Intuition, von der bereits ausführlich die Rede war. Vielleicht müssen Sie hier gar nicht mehr so viel trainieren, weil Sie bereits natürlicherweise ein sehr intuitiver Mensch sind? Überlegen Sie einmal, wie Sie generell Entscheidungen treffen, wie Sie Freunde und Beziehungspartner auswählen, wie oft Sie klar Signale empfangen, die Sie etwa warnen, Ihre Aufmerksamkeit auf etwas lenken oder zu positiven Erfahrungen verleiten. Ist das berühmte Bauchgefühl etwas, was Sie ganz selbstverständlich begleitet? Treffen Sie wichtige Entscheidungen schlussendlich nach dem Gefühl oder der Faktenlage? Wie gut sind Sie bisher damit gefahren? Wenn Intuition in Ihrem Leben bereits eine richtungsweisende Konstante ist, dann praktizieren Sie unbewusst schon eine ganze Menge Alltags-Magie.

Aura sehen

Zum anderen können Sie magische Anteile in sich entdecken, nämlich, wenn Sie bestimmte Wahrnehmungen oder Fähigkeiten haben, die Ihnen möglicherweise noch gar nicht als magisch bewusst sind. Ein gutes Beispiel ist das, was oft als Aura bezeichnet wird. Egal, wie Sie es nennen möchten, dabei handelt es sich um eine Art unsichtbares Energiefeld, das jeden Menschen umgibt und in seiner Gestalt einzigartig ist. Sichtbar machen oder messen lässt es sich nicht, aber sensible – oder eben magisch begabte – Menschen können es erkennen bzw. erspüren. In diesem

Energiefeld stecken allerhand Informationen über die jeweilige Person, und zwar Informationen über ihren eigenen energetischen Zustand.

Wer vom Aura-Konzept überzeugt ist, der geht davon aus, dass in dieser Aura energetische Blockaden, aus denen Krankheiten oder psychische Leiden entstehen, erkennbar sind und vieles Weitere über die grundsätzliche körperlich-seelische Verfassung dieses Menschen. Für Aura-Leser ist die Aura quasi ein offenes Buch, aber Sie brauchen das Aura-Konzept an sich nicht, um davon auszugehen, dass Menschen bestimmte Energien und Schwingungen mit sich tragen, die sich erspüren lassen.

Fragen Sie sich einmal: Haben Sie ein gutes Gespür für Menschen? Passiert es Ihnen oft, dass Sie gerade erst mit einem Menschen zusammentreffen – egal, in welcher Situation oder in welchem intensiven Kontakt – und sofort ein stark ausgeprägtes Gefühl dieser Person gegenüber haben? Sie diese also spontan stark anziehend finden, von ihr abgestoßen werden oder gar das Gefühl haben, sie würde Ihnen Energie rauben? Wenn Sie in einen Raum treten, in dem bereits mehrere Personen sind, fällt es Ihnen leicht, die Atmosphäre zwischen ihnen zu erspüren, also etwa, ob es Streit gab oder etwas Wichtiges passiert ist? Bemerken Sie an Freunden, Familienmitgliedern oder Kollegen schnell, wenn irgendetwas vorgefallen ist, sie belastet oder verärgert, auch, wenn sie Ihnen versichern, dass alles in Ordnung ist? Auch das ist ein Zeichen dafür, dass Ihre Antennen für Energien und damit Magie bereits feiner ausgebildet sind, als Sie vielleicht glauben.

Träume und Unbewusstes

Ein weiteres Zeichen können Träume sein. Nicht unbedingt Träume, in denen Sie etwas Konkretes vorhersehen, das dann tatsächlich eintritt – das gehört eher in den Bereich von Kommissar Zufall –, sondern Träume, die Ihnen auf eine Art dabei helfen, klar zu sehen. Das passiert in der Regel nicht über plakative Botschaften, die Ihnen im Traum die Lösung zu einem Problem übermitteln, sondern auf subtilere Art. Sie haben möglicherweise einen Traum, der auf Ihnen selbst unerklärliche Art dazu führt, dass sich etwas in Ihrem Empfinden oder Ihrer Wahrnehmung gegenüber einer Sache ändert, was Sie zu neuen Blickwinkeln oder Schlüssen befähigt. Alle Menschen träumen, sie können sich unterschiedlich gut daran erinnern, vor allem aber messen sie ihren Träumen unterschiedlich viel Bedeutung bei, sind unterschiedlich aufmerksam und lassen sich unterschiedlich davon beeinflussen. Nehmen Sie Ihr Traumleben bewusst wahr? Haben Sie öfter das Gefühl, dass Ihnen Ihr Unterbewusstsein im Traum Dinge mitteilt, die wichtig für Sie sind? Kommt es Ihnen manchmal so vor, dass Träume Ihre Empfindung einer Sache gegenüber verändern? Dann haben Sie auch hier schon einen recht aufmerksamen Blick auf unbewusste Aspekte in Ihrem Inneren und eine offensichtliche Bereitschaft, sich mit Kräften und Anteilen, die über den rationalen Alltagsverstand hinausgehen, zu beschäftigen.

MAGIE-ZEICHEN IM ALLTAG WAHRNEHMEN

„Das Universum hat mir ein Zeichen geschickt" – einen solchen Satz haben Sie von spirituellen Menschen sicherlich auch schon einmal gehört und ganz gleich, ob Sie nun ganz konkret-personifiziert das Universum dafür verantwortlich machen möchten oder eine Wicca typische Vorstellung einer umfassenden Verbindung bevorzugen, Zeichen haben Sie bestimmt auch schon erlebt. Ob es um bestimmte Begegnungen geht, Symbole, Tiere oder etwas ganz anderes – manchmal stolpert man im Alltag über Dinge, die einen stutzig machen. Doch auch hier sind Menschen wieder unterschiedlich empfänglich. Es gibt Persönlichkeiten, die laufen unbeirrbar durch ihr Leben, ohne nach rechts und links zu blicken, und alles, was sie wahrnehmen, ist Produkt von Logik oder Zufall. Andere sind da zögerlicher bzw. aufmerksamer: Sie nehmen Dinge wahr, die sich unwahrscheinlich häufen, merkwürdige Zusammenhänge bilden oder auf etwas Bestimmtes hinzudeuten scheinen. Vielleicht geht es Ihnen selbst schon häufiger so, möglicherweise können Sie Ihren Blick hier aber auch noch ein wenig schulen. Beginnen wir mit ein paar Beispielen.

Stellen Sie sich folgende Situation vor, vielleicht haben Sie sie auch tatsächlich schon einmal erlebt: Ein Lied, das Sie aus früherer Zeit sehr gut kennen, sehr oft gehört haben, vielleicht sehr mochten, läuft auf einmal im Radio, obwohl es längst nicht mehr in den Charts ist. Sie werden erinnert an Ihre Vorliebe für den Song, denken vielleicht daran zurück, wie er etwa während Ihrer Abitur-Zeit ständig gespielt wurde oder Nummer-1-Hit war, als Sie Ihr erstes Kind gerade geboren hatten. Wenig später stehen Sie im Supermarkt und als Sie sich über die Kühltheke beugen, hören Sie im dezenten Supermarkt-Hintergrund-Radio das gleiche Lied noch einmal. Am Nachmittag warten Sie an der Ampel und ein Cabrio fährt vorbei, aus dem - Sie ahnen es – das gleiche Lied ertönt. Verrückter Zufall, sagen die einen – aber vielleicht steckt da mehr dahinter?

Viele Menschen, ob Wiccas, andere moderne Hexen oder auch einfach nur spirituell aufmerksame Persönlichkeiten, sehen in solchen „Zufällen" Zeichen, und zwar Zeichen, die uns aus einem ganz bestimmten Grund geschickt werden von einer höheren Macht, einem großen, geheimnisvollen Zusammenhang, in dem wir alle eingebettet sind. An einen solchen glauben, wie Sie wissen, auch Wiccas und dann stellt sich natürlich die Frage: Was soll dieses Zeichen mir sagen? Um es klar zu sagen: Ein Verzeichnis zum Entschlüsseln solcher Botschaften gibt es leider nicht, Sie müssen sich beim Lesen und Interpretieren schon selbst bemühen, denn die Zeichen können in jeder beliebigen Form auftauchen.

Ein Ansatz, das beschriebene Zeichen zu enträtseln, könnte so aussehen: Erinnern Sie sich genau daran, was dieses Lied für Sie bedeutet.

- Denken Sie dabei an die einzigartige Phase der Unbeschwertheit, die Sie nach der letzten bestandenen Abiturprüfung verspürt haben? An die Freiheit des Sommers ohne Verpflichtungen?
- Oder ist dieses Lied eher mit Stress verbunden, weil Sie es geistig im Zusammenhang mit der anstrengenden Lernarbeit sehen?

Überlegen Sie, ob etwas in dem, was Sie persönlich mit dem Lied verbinden, womöglich Relevanz in Ihrer aktuellen Situation haben könnte.

- Stehen Sie vielleicht wieder an einem Scheideweg in Ihrem Leben, wie damals nach dem Abitur, als die Welt Ihnen offenstand?
- Müssen Sie sich beruflich entscheiden, in welche Richtung Sie gehen wollen?
- Steht eine solche Richtungsentscheidung womöglich an, ohne dass Ihnen das bisher klar war?

- Könnte der Song ein Weckruf sein, könnte er eine Bestärkung sein?
- Vielleicht hat das Lied auch einen besonderen Text, der damals viel Bedeutung für Sie hatte, die gerade jetzt wieder wichtig wird?
- Vielleicht gibt es auch nur eine Liedzeile darin, die Ihnen heute eine wertvolle Botschaft vermittelt?

Sie sehen, hinter einem solchen Zeichen kann sich alles Mögliche verbergen, aber wenn Sie genau hinsehen, überlegen und bereit sind, der Sache auf den Grund zu gehen, dann können Sie – und nur Sie – herausfinden, worauf genau diese Nachricht abzielt. Auch das ist Magie und sie begegnet Ihnen viel öfter und unauffälliger, als Sie vielleicht erwarten.
Um Sie empfänglicher für mögliche Zeichen zu machen und Ihren Blick zu sensibilisieren, kommen hier noch ein paar „typische" Varianten:

- Sie treffen jemanden, an den Sie gerade erst gedacht haben und den Sie üblicherweise dort nie treffen würden,
- Sie treffen eine Person wiederholt in kurzer Zeit, obwohl Sie sie generell höchst selten treffen,
- Sie sehen etwas wiederholt, was sonst unüblich ist (ein bestimmtes Tier, ein bestimmtes Auto, Regenbogen, eineiige Zwillinge, umgekippte Fahrradanhänger am Straßenrand – also irgendetwas, dessen wiederholtes Auftauchen sehr ungewöhnlich ist).

Solche und ähnliche Dinge können Sie einfach dem Zufall zuschreiben – oder Sie überlegen, ob dahinter nicht doch eine Botschaft stecken könnte. Andersherum empfangen Sie möglicherweise auch Warnungen von Ihrem Unterbewusstsein:

- Stoßen Sie heute bei der Arbeit ständig gegen etwas, obwohl Sie üblicherweise nicht ungeschickt sind?
- Klappt etwas auch beim fünften Versuch nicht, obwohl es eigentlich Routine ist?

Vielleicht möchte etwas in Ihnen – oder die Gesamtheit aller Energie, deren Teil Sie sind – Ihre Aufmerksamkeit darauf lenken, dass Sie auf einem falschen Pfad unterwegs sind, etwa eine falsche Entscheidung getroffen oder etwas Wichtiges übersehen haben. Manche Menschen gehen die Sache mit den Zeichen auch ganz offensiv an: Statt einfach darauf zu warten, ob vielleicht irgendwo eine Botschaft auftaucht, bitten Sie bewusst das Universum / die Mondgöttin / ihre persönliche Kraftquelle um ein Zeichen und warten dann ab, ob es erscheint. Das wird oft in Situationen des Zweifels und der Unsicherheit genutzt, etwa, wenn wichtige Aufgaben oder Entscheidungen anstehen. Sie haben sich für einen neuen Job beworben, die Stelle wurde Ihnen angeboten und Sie haben letzte Zweifel, ob der Schritt wirklich der richtige ist? Bitten Sie um Zeichen – entweder ganz konkret als bestimmtes Zeichen, Schmetterling, Sonne oder was auch immer oder als nicht festgelegtes Zeichen in dem Vertrauen darauf, dass Sie es erkennen werden, wenn Sie es sehen – und dann gehen Sie aufmerksam durch den Alltag. Womöglich steht an der Kasse jemand vor Ihnen und trägt ein Schmetterling-Tattoo, Sie sehen einen Kinderwagen mit Schmetterlingsaufklebern, im Supermarkt sind die Schmetterlingsnudeln im Angebot oder eines der hübschen Insekten landet bei Ihnen auf dem Balkon. Und schließlich sind auch Tiere beliebte Botschaftenüberträger. Viele Arten sind Symbole für ganz bestimmte Dinge und wenn Sie Ihnen auf einmal gehäuft und womöglich an ungewöhnlichen Orten begegnen, so können Sie sich auch hier fragen, ob hier vielleicht ein Zeichen für Sie gesendet wurde. Ein kurzer Überblick über die wichtigsten Symboltiere:

Löwe: Mut, majestätisch-königliches Tier
Katze: Freiheit, Ungebundenheit, Magie, Anmut
Fledermaus: Initiation und das Geheimnisvolle
Eule: Weisheit, Verbindung mit dem Totenreich
Adler: Intelligenz, klarer, scharfer Blick
Elefant: Kraft, Weisheit, auch Reichtum
Hund: Loyalität, treuer Gefährte
Bär: Ruhe, Überlegtheit, bedächtige Besonnenheit
Rabe: Initiation, Weisheit, Assoziation mit Hexentum
Spinne: Schicksal, Zauberei
Wolf: Dunkles, Schutz, Familienzusammengehörigkeit, Intuition
Fuchs: Schläue, Wandelbarkeit, Täuschung
Fisch: tiefgründiges Wesen
Vogel: Freiheit

Wenn Ihnen diese Tiere im Alltag begegnen oder aber Sie zu einem dieser Tiere eine ganz besondere Verbindung spüren, so können Sie auch hier darüber nachsinnen, welche tieferen Botschaften – auch über Sie selbst – möglicherweise dahinterstecken.

MEHR ALS PENTAGRAMME – MAGISCHE SYMBOLE

Mit den Tieren, die neben Alltagsbotschaftern auch berühmte Symbolträger sind, kommen wir zu einem ganz praktischen Themenfeld der Magie: den magischen Symbolen. Ob Sie solche zufällig entdecken und darin Zeichen Ihrer magischen Kraft erkennen oder Sie später in Ihren Wicca-Ritualen selbst verwenden – ohne magische Symbole der unterschiedlichsten Art geht es nicht. Viele davon kennen Sie sicher bereits, andere werden neu und womöglich sogar überraschend sein und im Laufe Ihres Wicca-Lebens werden Sie ganz bestimmt zu einigen Symbolen eine besondere Verbindung entwickeln, wohingegen andere für Sie weniger bedeutend bleiben. Und zu Beginn kann es auch zu ein wenig Verwirrung kommen, denn bestimmte Symbole haben in unterschiedlichen Kreisen unterschiedliche Bedeutung – wie etwa das Pentagramm, das die einen als Satanszeichen betrachten, die anderen ganz einfach als Zeichen für Gottheit. Doch wozu dienen Symbole überhaupt? Tatsächlich können Sie ganz unterschiedliche Funktionen übernehmen. So werden sie oft in Ritualen eingesetzt,

- **um Energie zu bündeln,**
- **Kräfte herbeizurufen oder**
- **göttliche Präsenz zu beschwören,**
- **sie dienen jedoch auch den Ritualausübenden oder daran Teilnehmenden zur Fokussierung auf die magische Handlung oder**
- **zur intensiveren Identifizierung mit den Vorgängen.**

In den letztgenannten Fällen üben sie also in erster Linie eine psychische Kraft aus und zu diesem Zwecke setzen Wiccas sie auch gerne außerhalb von Ritualsituationen ein. Ob als sinnbehaftetes Dekorationselement, das einem Raum eine besondere Atmosphäre gibt, ob als Element eines Altares, als Schmuckstück, Amulett oder Autoanhänger – die magischen Symbole wirken immer in zwei Richtungen: Sie sollen zum einen Energien und das Göttliche herbeirufen, ob zum Zwecke von Schutz, Begleitung, Inspiration oder als Kraftquelle, zum anderen sollen Sie dem Träger bzw. Betrachter dabei helfen, eben jene Kräfte selbst in sich wecken, nutzen und aktiv wahrnehmen zu können.

Und nicht zuletzt sind sie Erkennungsmerkmale: An verwendeten Symbolen lassen sich andere Wiccas oder Hexen oder zumindest magische Interessierte erkennen. Natürlich muss an dieser Stelle erwähnt werden, dass zahlreiche Symbole, die eigentlich voll magischer Kraft stecken und ursprünglich aus mystisch-magischem Kulturhintergrund stammen, in der Popkultur unserer Zeit zum Trend oder bloßen Deko-Objekt geworden sind, man denke etwa an die Merchandise-Produkte mancher Metalband, an Fantasy-Poster oder halbwissenschaftliches Germanen-Geschichtsinteresse.

Nicht jeder, der mit Pentagramm- oder Sonnenrad-Aufnäher auf dem Rucksack herumläuft, ist Wicca oder hat überhaupt eine Ahnung von dem gezeigten Symbol – das muss Sie aber nicht bekümmern, denn davon büßen die Zeichen nichts von ihrer Macht ein. Also machen wir uns einmal vertraut mit der Macht der Symbole, die Sie in Ihrem Wicca-Leben noch intensiv kennenlernen werden.

Pentagramm: Das vielleicht berühmteste und am häufigsten zweckentfremdete magische Symbol in Form eines fünfzackigen Sterns blickt auf eine lange und wechselvolle Geschichte zurück. Schon in der mesopotamischen Antike wurde es als Zeichen für eine Gottheit gesehen, später verwendete es sogar das Christentum und sah in seinen fünf Spitzen Jesu Wunden, die Freimaurer nutzten es, manchmal wird es auch als Symbol für den Lebenskreislauf gesehen, da man es in einer einzigen Linienführung ohne Absetzen zeichnen kann. Ab dem Mittelalter galt es als Schutzzeichen gegen Dämonen aller Art und den Leibhaftigen höchstpersönlich, man trug es häufig auf Türen auf, um den unerwünschten bösen Gästen den Eintritt zu verwehren. Später interessierten sich auch Okkultisten und Satanisten dafür, heute ist es aus dem Wicca-

Brauchtum nicht wegzudenken. Wiccas sehen darin meist die fünf Elemente – Moment, fünf? Ja, denn neben Erde, Wasser, Feuer und Luft gilt Geist bzw. Äther als 5. Element und so verwenden viele Hexen es bei Ritualen gewissermaßen als „Kompass": Denn jeder Sternzacken weist zu einem bestimmten Element, was bei Ritualaufbauten oder der Altargestaltung eine wichtige Rolle spielt. Dann zeigt der Pentagramm-Stern mit einer Spitze nach oben, diese steht für den Geist, die Spitze oben links verweist auf das Element Luft, oben rechts findet sich Wasser, unten links die Erde und unten rechts Feuer. Entsprechend werden dann Utensilien, wie etwa der Hexenkessel für Wasser oder eine Kerze für Feuer, platziert. Und wenn das Pentagramm auf dem Kopf steht? Dann weist nicht etwa die Spitze gen Hölle und Satan, wie es aus Okkultismuskreisen bekannt ist, sondern manche Hexen tragen während ihrer Ausbildung – also auf dem Weg zur Initiation – ein umgekehrtes Pentagramm als Schmuckstück.

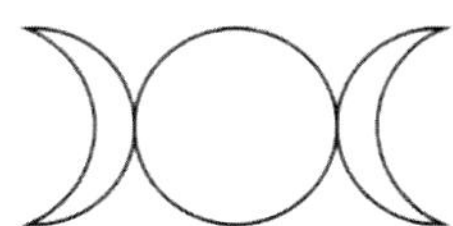

Die dreifaltige Göttin: Ein weit weniger bekanntes Symbol, aber das vielleicht wichtigste im Wiccatum – in der Mitte ein Kreis, der den Vollmond symbolisiert, rechts an diesen Kreis lehnt eine schmale Mondsichel, die sich vom Vollmond weg öffnet, links spiegelverkehrt eine zweite Mondsichel. Dies ist das Zeichen der dreifaltigen Göttin, der Mondgöttin, in ihren Erscheinungen als junge Frau, Mutter und alte Weise. Auch der Mondzyklus wird darin repräsentiert und da dieser in Ihrem Ritualleben eine sehr große Rolle spielen wird, gilt das natürlich auch für dieses Symbol. Wiccas nutzen es auch gerne, um mit ihrer weiblichen Kraft in Kontakt zu kommen, diese zu stärken und bewusst zu erleben, und respektieren es auch als Beschreibung des Reifungsprozesses jeder Frau.

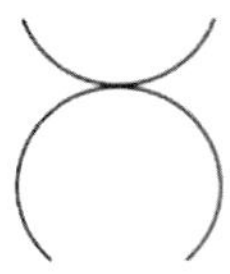

Der gehörnte Gott: Auch der männliche Gegenpart der Göttin braucht sein Symbol und auch sein Zeichen baut auf einem Kreis auf, auf dem umgedreht wie eine Schale eine Mondsichel liegt. Sie stellt seine Hörner dar, der Kreis wiederum den Vollmond oder aber die Sonne, da er schließlich der Sonnengott ist. Als

Gott der Jagd, der wilden Tiere und der Natur schlechthin werden Sie sein Symbol häufig verwenden, wenn Sie unter freiem Himmel Rituale durchführen. Darüber hinaus symbolisiert es Kraft, Stärke, Wildheit und Männlichkeit und kommt zum Einsatz, wenn diese Eigenschaften gewünscht sind.

Hexagramm: Nein, der optische Verwandte des Pentagramms hat seine Bezeichnung nicht vom Wort „Hexe", sondern aus dem Griechischen, wo „hexa" sechs bedeutet (und „penta" fünf). Demnach handelt es sich bei ihm um einen sechszackigen Stern, genau wie man ihn etwa auch von der Flagge Israels kennt. Auch dieses Zeichen hat viele Bedeutungen erfahren, so war es etwa bei den Alchemisten beliebt, weil es die vier Elemente gemeinsam symbolisierte, andere sahen in dem sechszackigen Stern die damals bekannten Planeten repräsentiert. Neben der Vereinigung der Elemente betrachten viele Wiccas die beiden übereinandergeschobenen Dreiecke auch als die Vereinigung des Männlichen und des Weiblichen, eines der Kernelemente des Wicca-Glaubens, oder allgemein als zwei Gegensätze, etwa Licht und Dunkel.

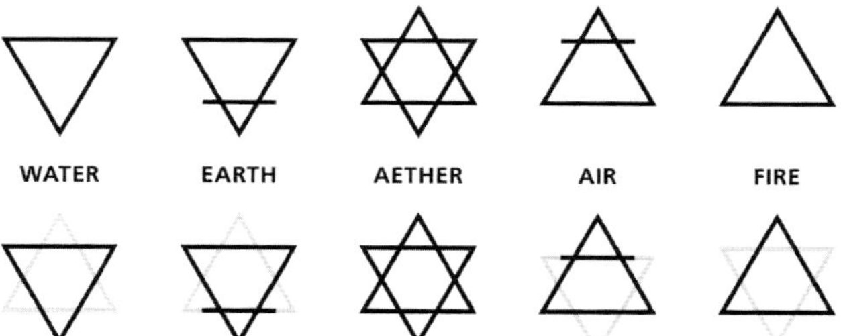

Elemente-Zeichen: Während im Hexagramm den Alchemisten zufolge alle Elemente abgebildet sind, gibt es für jedes der vier auch noch ein gesondertes Symbol. Grundlage ist stets ein gleichseitiges Dreieck, Feuer wird von einem Dreieck mit nach oben zeigender Spitze repräsentiert, Luft von einem ebensolchen Dreieck, das jedoch etwa im unteren Drittel von einer waagerechten Linie durchzogen wird, Wasser von einem Dreieck, dessen Spitze nach unten zeigt, und schließlich die Erde von einem solchen Dreieck, das ebenfalls einen Strich aufweist.

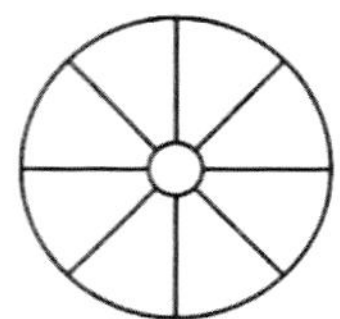

Jahreskreis / Jahresrad: Ein Kreis mit einem kleinen Kreis in der Mitte, von dem ausgehend der große Kreis von acht Speichen in acht gleich große Teile aufgeteilt wird. Es symbolisiert zum einen die Sonne und wird deshalb auch Sonnenrad genannt – man stellt es sich ebenfalls als ein Rad eines Gefährts des Sonnengottes vor –, zum anderen steht es für den ewigen Kreislauf der Jahreszeiten und deren Strukturierung anhand der Feiertage. Jede Radspeiche steht für einen der Sabbate und da Sie bereits wissen, welch elementare Bedeutung das achtsame Befolgen der Jahresrhythmen für Wiccas hat, können Sie sich vorstellen, dass auch dieses Symbol häufig genutzt wird.

Triquetra: Ein besonderes Symbol, über das Sie vielleicht schon mehrfach gestolpert sind, ohne seinen eigentlichen Hintergrund zu kennen. Grob beschrieben ähnelt es einem Dreieck mit gebogenen Linien, das insgesamt aus nur drei solchen Linien besteht, dadurch entstehen in seinem Inneren drei nach außen gerichtete Dreiecke sowie ein viertes, in der Mitte liegendes. Das Zeichen in seinem Ursprung ist sehr alt und lässt sich bereits auf 5000 Jahre alten Kunstwerken der Indianer finden, später wurde es auch vom Christentum als Symbol der Dreifaltigkeit verehrt und ist Ihnen möglicherweise am Zierwerk romanischer Kirchenbauten schon einmal begegnet. Für Wiccas ist es einmal mehr Zeichen der Göttin in ihren drei Erscheinungsformen und als solches entsprechend beliebt.

Triskele: Das aus drei Spiralen, die aus einer gemeinsamen Mitte hervorzugehen scheinen, bestehende Symbol taucht immer wieder in unterschiedlichen Kontexten auf, nicht selten sind die drei Spiralen auch drei Beine. Ursprünglich ein Symbol der alten Kelten, steht es für den Kreislauf des Lebens mit seinen drei „Bestandteilen" Geburt, Lebensverlauf und schließlich Tod. Damit repräsentiert es als Rad des Lebens immerwährenden Fortschritt und immerwährende Bewegung – beim Dreinblicken wirkt es übrigens, als würde es sich tatsächlich drehen.

Hekates Knoten oder Rad: Ein altes Symbol der griechischen Göttin Hekate, die als Gottheit von Hexerei, Magie und wichtiger Scheidestellen des Lebens galt. Optisch ähnelt es einer Art Labyrinth, das in der Mitte zu einem Hexagramm-Stern hinführt, und es steht für den ständigen Fluss des Lebens, die Vielfalt, die Entscheidungen und auch die Kenntnisse und Erfahrungen, ohne die wir es nicht bewältigen können. Deshalb nutzen viele Hexen es gerne, wenn sie Rituale abhalten, die um Veränderung oder Entscheidungen an wichtigen Kreuzungen des Lebenswegs kreisen.

Hexenrunen

Runen sind zunächst einmal die Schrift, die die alten Germanen verwendeten, bei den sogenannten Hexenrunen hingegen handelt es sich um Symbole, die sich von den historischen Schriftzeichen ganz erheblich unterscheiden. Es gibt 13 Runen und jeder einzelnen wird eine bestimmte Bedeutung bzw. ein bestimmter Geltungsbereich zugeschrieben. Eine kurze Aufzählung:

Rune in Form einer einfachen Sonne: Verwendung in Schutzritualen, steht für Gerechtigkeit, Gesundheit und positive neue Aspekte

Mondsichel: beliebt bei Vollmond-Ritualen, steht für weibliche Kraft, Geheimes & Verborgenes, Vorstellungskraft

Auge-Rune: Die vielleicht bekannteste Hexenrune zeigt ein geöffnetes Auge mit Wimpernlinien, ihre Bedeutung erschließt sich fast von selbst: Klare Sicht, Wahrheit erkennen, Fokussiertheit, Klugheit sind die mit ihr verbundenen Aspekte und genutzt wird sie in Ritualen, die bei diesen Punkten behilflich sein sollen.

Romantik-Rune: drei schmale, längliche Blätter, die zu einer Art Dreieck gefügt sind, wird für Rituale rund um Liebe, Leidenschaft und Fruchtbarkeit genutzt, hat entsprechend Bedeutungen wie Harmonie, Zuneigung, Liebe, innige Bindung

Scheideweg-Rune: ein Kreuz, an dessen vier Enden jeweils ein Pfeil sitzt, auch hier erschließt sich der Sinn: Sie steht für Veränderungen im Leben, große Richtungsänderungen, aber auch die Angst vor Neuem oder komplizierten Entscheidungen, kommt immer dann zum Einsatz, wenn es um wichtige Entscheidungen geht oder wenn grundlegende Änderungen gewünscht bzw. vermutet werden

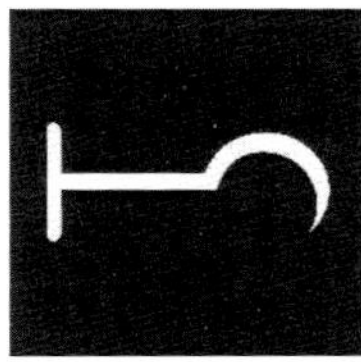

Sense-Rune: sieht aus wie ein altertümlicher Türhaken und wirkt wie eine Sense, indem sie Bande durchtrennt, Dinge beendet oder in die Vergangenheit verbannt, steht auch in Verbindung mit Gefahr; wird gerne gegen Unheil genutzt oder um Pechsträhnen in Ihrem Leben zu beenden

Stern-Rune: erinnert an einen einfachen Strohstern und ist eine Rune der Aktivität, der Verfolgung von Zielen, der Freiheit und der Verwirklichung Ihrer Lebensträume, wird genutzt, um Inspiration zu verschaffen oder den nötigen Mut für wichtige Vorhaben zu fassen

Ernte-Rune: ein komplexes Zeichen, das im übertragenen Sinne für Ernte steht, also den Lohn für Mühe und Arbeit, persönliches Wachstum, Lernprozesse, wird verwendet, um reiche „Ernte" im abstrakten Sinn ins Leben zu bringen

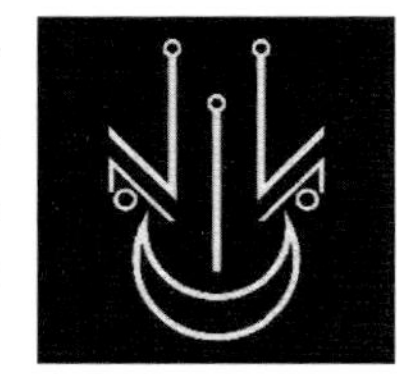

Wellen-Rune: eine Ansammlung kringel- und wellenförmiger, geschwungener Linien, die für spirituelle Anteile, Reinheit und Klarheit im Geist sowie das Besiegen von negativen Empfindungen steht, wird verwendet gegen seelische Schwierigkeiten wie Traumata, depressive Stimmungen, Angst etc.

Ringe-Rune: ähnelt den olympischen Ringen, jedoch sind es nur drei und der mittlere ist etwas größer als die beiden äußeren, sie steht für Verbindung und Verbindlichkeit zwischen Menschen und wird genutzt, um hier für Stabilisierung und Verlässlichkeit zu sorgen

Flug-Rune: eine geheimnisvoll wirkende Rune aus beliebig erscheinenden Linien, steht im übertragenen Sinne für den „Flug" durchs Leben mit Erfahrungen, neuen Erkenntnissen, neuem Wissen, wird genutzt, um solche Prozesse zu unterstützen, darüber hinaus auch, um die eigene Existenz auf höheren spirituellen Ebenen zu begreifen

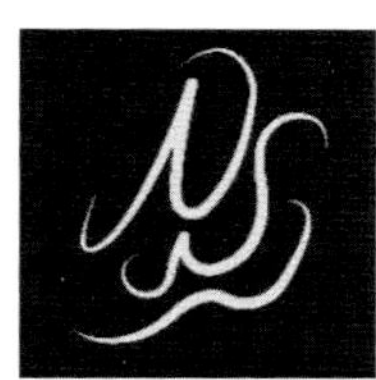

Mann-Rune: geschwungene Linie mit Pfeil auf der Spitze, die für den männlichen Aspekt im Leben steht, verbunden mit dem gehörnten Gott und mit Ritualen rund um männliche Kräfte

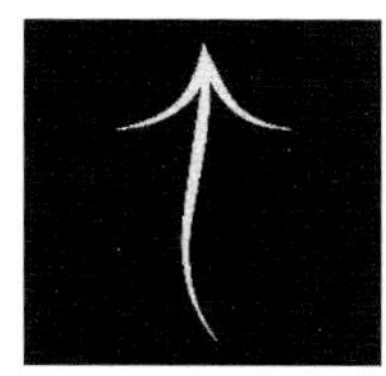

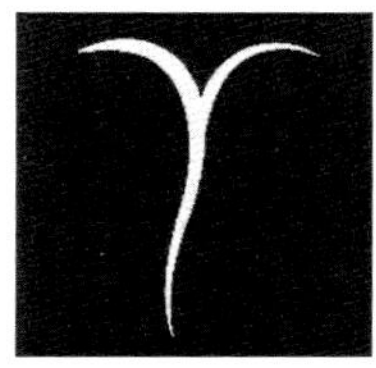

Frau-Rune: Form eines jungen, zweiblättrigen Pflanzentriebes, verkörpert den weiblichen Aspekt und wird entsprechend für den Kontakt mit der weiblichen Kraft sowie der Mondgöttin genutzt

Diese Symbole sind die häufigsten und wichtigsten in der alltäglichen Wicca-Praxis, aber bei Weitem nicht alle. Je mehr Sie sich mit Ihrer Wicca-Spiritualität beschäftigen, desto mehr Symbole werden Sie kennenlernen und eines Tages womöglich sogar einmal ein eigenes, auf Sie persönlich zugeschnittenes Symbol erschaffen, das Sie in Ihrer Glaubensausübung unterstützt, begleitet und leitet.

SIGILLENMAGIE – DIE MAGISCHE KRAFT DER SYMBOLE

Mit der Sigillenmagie kommen wir zu einer der **beliebtesten Arten der Magie**, die besonders in der Wicca-Tradition sehr häufig ihre Anwendung findet. Das Schöne an dieser Art von Magie ist, dass man die hergestellten Sigillen auf unterschiedlichste Arten nutzen kann, denn sie wirken sowohl **für sich allein** als auch **in Kombination mit anderen Magieformen**, zum Beispiel der Ritualmagie. Doch klären wir zunächst einmal, was Sigillen eigentlich genau sind.

Das Wort Sigille stellt eine Ableitung des Begriffs Siegel dar und ein Siegel ist ein Symbol, weshalb **Sigillen in allererster Linie Symbole** sind. Was sie von normalen Symbolen unterscheidet, ist die Tatsache, dass sie mit der Absicht einer magischen Wirkung kreiert wurden. Im Altertum gab es diese Unterscheidung jedoch noch nicht, weshalb man damals Symbole, die zu diesem Zweck kreiert wurden, lediglich als Siegel bezeichnete. Einige dieser magischen Siegel sind uns in diesem Buch bereits begegnet, in Form des Pentagramms und des Pentakels. Im Bereich der Magie existiert eine Vielzahl von Sigillen, die von jedem Magier für bestimmte Zwecke verwendet werden können. Zum Beispiel hat jede Wesenheit der astralen Welt ein eigenes, feststehendes Siegel (bzw. Sigille), das man nutzen kann, um dieses Wesen zu beschwören, denn die Wesen sind an ihre Siegel gebunden. Auch im eher täglichen Leben werden wir ständig mit Siegeln, die ja im Grunde nur Symbole sind, konfrontiert, denn im Grunde ist auch jedes einfache Firmenlogo ein Siegel, wenn auch nicht magischer Art.

Sieht man sich einmal an, wie sehr unsere Welt von Siegeln und Symbolen geprägt ist, wie sehr sie für uns zum Alltag gehören (auch Buchstaben und Zahlen sind nur Symbole), liegt es nahe, Symbole auch für die magische Arbeit zu nutzen, und genau darauf beruht die Sigillenmagie. Man erstellt seine eigenen Siegel, um bestimmte Dinge zu symbolisieren und damit ins Leben zu rufen. Doch wie wirken Sigillen? Wenn man einen Wunsch oder eine Absicht auf die richtige Art in symbolische Form bringt, beginnt dieses Symbol, auf verschiedene Arten zu wirken. Der Hauptgrund dafür, Dinge in symbolische Form zu bringen, liegt wohl in der Vereinfachung, in der Magie geht es jedoch noch um etwas anderes: Der Magier sollte möglichst vergessen, was das kreierte Symbol im Detail bedeutet. Es geht hier also ums Loslassen, was einen der wesentlichsten Bestandteile magischen Wirkens darstellt. Nur wer wirklich in der Lage ist, der Magie zu vertrauen, behindert sie nicht in ihrer Wirkung. Ganz zu Beginn dieses Buches erklärte ich bereits, dass Magie auf der Ebene der Gedanken wirkt. Das bedeutet, je mehr Ihr Geist von Zweifeln bezüglich Ihrer magischen Arbeit besetzt ist, desto mehr Einfluss nimmt dies auch auf die Wirkung. Das macht Sigillenmagie zu einer hervorragenden **Anfängermagie**, denn diesem Problem gehen wir hier gezielt aus dem Weg. Indem Sie Ihre Absicht in eine abstrakte Form bringen, erlauben Sie Ihrem Geist, die Details zu vergessen und diese dem Unbewusstsein zu übergeben. Wird man dann regelmäßig mit diesem Symbol konfrontiert, beginnt das Unbewusstsein, ein entsprechendes Energiefeld zu erzeugen, so konzentriert man seinen Willen unbewusst auf das gewünschte Ziel. Auch die persönlichen Schutzgeister, die spirituellen Führer und die Götter, mit denen man arbeitet, werden auf diese Art sehr viel effektiver angesprochen, da keine direkte Kommunikation notwendig ist. Durch dieses Symbol teilen wir ihnen unsere Wünsche mit und auch sie helfen dabei, den gewünschten Zustand zu erzeugen. Somit wirken Sigillen meistens eher langsam, aber dafür umso effektiver. Die Herstellung von Sigillen ist dabei denkbar einfach und macht sogar noch eine Menge Spaß, deshalb lieben besonders die kreativen Menschen die Sigillenmagie. Bis auf **drei wichtige Grundregeln** ist man in der Herstellung seiner Sigillen völlig frei, man kann alles verwenden, was einem gefällt. Es ist dabei wichtig, dass man einen Bezug zu den verwendeten Symbolen hat, je stärker der persönliche Bezug ist, umso stärker ist auch die Sigille, aber dazu gleich noch mehr. Denn an erster Stelle steht die Formulierung einer Absicht. Dies ist die einzige Stelle im Prozess, an der man wirklich Fehler machen kann, weshalb es auch lediglich für diesen Schritt feste Regeln gibt:

1. Achten Sie darauf, was Sie sich wünschen,
es könnte in Erfüllung gehen!

Hiermit ist gemeint, besonderen Wert auf die Formulierung zu legen, denn Wünsche werden vom Unbewusstsein und den Wesenheiten, die uns umgeben, **wörtlich** genommen. Formulieren Sie zum Beispiel den Wunsch „Ich wünsche mir Geld“, werden Sie genau das auch bekommen und sich weiterhin Geld wünschen. Deshalb müssen Sie Ihre Absicht oder Ihren Wunsch in eine Form bringen, der das gewünschte Ergebnis ausdrückt, also zum Beispiel „Ich habe Geld“ oder besser „Ich habe genug Geld“. Damit entspricht der erste Schritt, also die Formulierung der Absicht, exakt dem gewünschten Ergebnis.

2. Formulieren Sie immer im Präsens!

Bedenkt man, dass der verwendete Satz wortwörtlich ausgeführt wird, wird auch klar, warum man in der Gegenwartsform formulieren muss. Die Formulierung „Ich werde Geld haben“ kann sich nie erfüllen, denn nach diesem Satz hat man das Geld erst in der Zukunft. Da der Satz aber wörtlich ausgeführt wird, „wartet“ man ewig auf eine Zukunft, die niemals eintreffen kann. Eine solche Formulierung steht sich gewissermaßen selbst im Weg.

3. Verwenden Sie niemals Negationen (Verneinungen)!

Unser Unbewusstsein kann mit Negationen nichts anfangen, sie sind zu abstrakt und werden deshalb ignoriert. Ein kleines Beispiel zur Verdeutlichung: Das Unbewusstsein „denkt“ in Bildern und Symbolen, versuchen Sie also, sich den folgenden Satz einmal bildlich vorzustellen: „Der Hund jagt die Katze nicht“. Letztlich manifestiert man also mit einer Negation genau das Gegenteil dessen, was man beabsichtigt. Das erste Bild, welches einem bei diesem Satz vor Augen kommt, ist nämlich ein Hund, der eine Katze jagt. Dann stolpert unser Bewusstsein über das „nicht“, ist aber im Grunde nicht fähig, dieses in Bilder umzusetzen. Man muss erst nachdenken, wie dieses „nicht“ aussehen soll. Deshalb werden Negationen vom Unbewusstsein ignoriert. Hier jetzt einmal ein Beispiel, wie es gar nicht geht: „Ich habe keine Angst“. So funktioniert es: „Ich bin frei von Angst“ oder besser „Ich bin mutig und stelle mich meinen Ängsten“. Hat man ganz klare Absichten, genügt manchmal auch ein einzelnes Wort, das die Absicht der Sigille klar zum Ausdruck bringt, z. B. Schutz, Erfolg, Gesundheit etc. Sobald Sie Ihre Absicht formuliert haben, können Sie auch schon damit beginnen, diese in eine symbolische Form zu bringen. Auch hier gibt es wieder zahlreiche Möglichkeiten, von denen ich nur einige wenige vorstellen werde, letztendlich ist es am wichtigsten, seine eigene Art zu entwickeln, wie man Sigillen herstellt. Der erste Schritt ist jedoch in jeder Methode gleich, man streicht alle doppelten Buchstaben aus. Auch hier wieder ein Beispiel:

Schritt 1 - Formulierung der Absicht:

Ich bin mutig und stelle mich meinen Ängsten

Schritt 2 - Ausstreichen der doppelten Buchstaben:
Umlaute werden für diesen Schritt ausgeschrieben

Ich bin mutig und stelle mich meinen Aengsten

Schritt 3 - Zusammenstellen der verbliebenen Buchstaben:

ICHBNMUTGSEA

Nachdem wir nun jeden Buchstaben auf ein einmaliges Vorkommen reduziert haben, existieren verschiedene Möglichkeiten, diese zu einer Sigille zu formen. Die einfachste Variante besteht darin, mit den einzelnen Buchstaben zu spielen und sie auf diese Weise zu einem abstrakten Symbol zusammenzufügen. Dabei darf man die Buchstaben auch drehen oder spiegeln, genauso darf z. B. ein M gleichzeitig ein W sein usw. Je weniger man in der fertigen Sigille noch die einzelnen Buchstaben erkennen kann, desto besser. In unserem Fall könnte das Ergebnis zum Beispiel wie folgt aussehen:

Sämtliche Buchstaben aus dem obigen Beispiel sind in diesem Bild zu einem Symbol vereint, während die ursprüngliche Aussage nicht mehr zu erkennen ist. Statt auf diese simpelste Art vorzugehen, können Sie die Buchstaben vorher auch noch mit Hilfe magischer Alphabete übersetzen, was die Gestaltungsmöglichkeiten unglaublich erweitert. Dabei können Sie auf das Runenalphabet zurückgreifen oder zum Beispiel das Henochische oder Thebanische Alphabet verwenden. Diese und andere magische Alphabete finden Sie leicht über Suchmaschinen im Internet, aus rechtlichen Gründen kann ich Ihnen hier leider keine Bilder anbieten. Außerdem können Sie zusätzlich Symbole einbinden, welche in ihrer eigenen Aussage die Wirkung Ihrer Sigille verstärken können. Eine Sigille, die Schutz verleihen soll, lässt sich zum Beispiel wunderbar mit einem Pentagramm verbinden. Sie können auch mehrere Sigillen miteinander kombinieren, das Ergebnis nennt man dann „Hypersigille".

Solche Hypersigillen sind um einiges stärker als einfache Sigillen, da sie sich gegenseitig in ihrer Energie verstärken. Neben den alphabetisch kreierten Sigillen existiert noch eine weitere Variante, die ich Ihnen hier vorstellen möchte: die numerologischen Sigillen. Diese nutzen die

Wissenschaft und die Magie der Numerologie, um nicht nur ein vollkommen abstraktes Siegel zu entwerfen, sondern dieses auch noch wirksamer zu machen. Die Zahlen verfügen über ihre eigene Magie und das Gebiet der Numerologie kann immer wieder wertvolle Ergänzungen zur Magie bieten. Deshalb empfehle ich Ihnen ganz unabhängig vom Thema Sigillenmagie, sich auch mit der Numerologie eingehender zu beschäftigen. Die Bedeutung von Zahlen als symbolische Komponente stellt in der Magie eine gängige Praxis dar, aus diesem Grund werden Zaubersprüche meist drei- oder neunmal aufgesagt. Sowohl die Drei als auch die Neun stellen heilige Zahlen der Vollendung dar. Doch kommen wir zurück zur Erstellung numerologischer Sigillen, die etwas komplizierter ist als die alphabetische Variante, aber mindestens genauso viel Spaß macht.

Numerologische Sigillen:

Zu Beginn wird die Absicht formuliert und die doppelten Buchstaben werden ausgestrichen, genauso wie bei der alphabetischen Variante. Dann müssen wir jeden Buchstaben zunächst in seinen Zahlwert übersetzen, wofür es unterschiedliche Systeme gibt. In diesem Beispiel arbeiten wir mit dem Umrechnungsschema des Pythagoras und der gleichen Absicht wie im vorigen Beispiel:

1	2	3	4	5	6	7	8	9
A	B	C	D	E	F	G	H	I
J	K	L	M	N	O	P	Q	R
S	T	U	V	W	X	Y	Z	

Nun haben wir also folgendes Bild:

I C H B N M U T G S E A

9 3 8 2 5 4 3 2 7 1 5 1

Jetzt addieren wir alle Zahlenwerte miteinander:

9 + 3 + 8 + 2 + 5 + 4 + 3 + 2 + 7 + 1 + 5 + 1 = 50

Aus dem Ergebnis bilden wir noch einmal die Quersumme, so lange, bis nur eine Ziffer übrigbleibt:

50 = 5 + 0 = 5

Die Quersumme oder in unserem Fall die numerologische Quintessenz unseres Satzes ist also die 5.

Als Nächstes benötigen wir ein magisches Quadrat, das folgendermaßen aussieht:

4	9	2
3	5	7
8	1	6

Dieses Quadrat stammt aus der Numerologie und wird deshalb als magisch bezeichnet, weil sich alle Zahlen, egal, in welche Richtung man rechnet, immer zum gleichen Ergebnis addieren lassen:

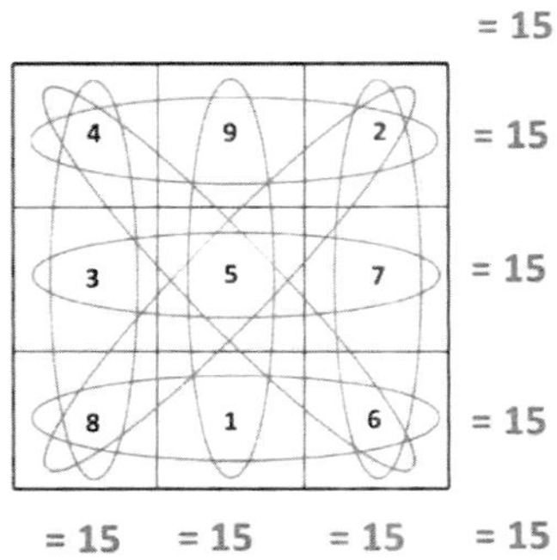

Jetzt beginnen wir, die Zahlen nach dem folgenden Muster zu übertragen: Die Fünf ist unsere Quintessenz, hier zeichnen wir ein Quadrat ein.

4	9	2
3	5	7
8	1	6

Als Nächstes übertragen wir die Zahlwerte der einzelnen Buchstaben. Die Neun ist der erste Buchstabe, unser Startpunkt, hier zeichnen wir einen Kreis ein.

4	9	2
3	5	7
8	1	6

Der zweite Buchstabe ist die Drei, deshalb verbinden wir nun die Neun und die Drei mit einer direkten Linie.

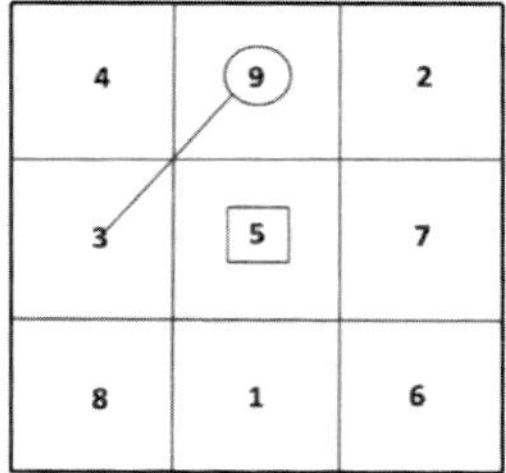

Nun ziehen wir eine Verbindung von der Drei zur Acht.

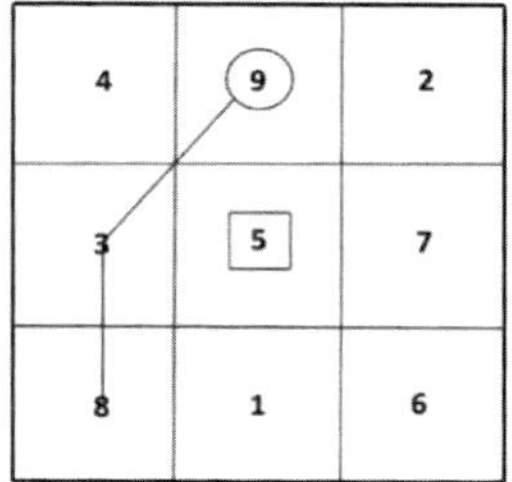

Jetzt verbinden wir die Acht und die Zwei. Die folgenden Schritte werde ich nicht mehr beschreiben, sondern nur noch grafisch darstellen, ich denke, das System ist klar. Hin und wieder kommt es dazu, dass Linien aufeinanderliegen, so dass sie nicht als einzelne Linien sichtbar sind. Dies wäre im nächsten Schritt der Fall, wenn wir eine Linie von der Zwei zur

Fünf ziehen. Diese „nicht sichtbaren" Schritte werde ich aus diesem Grund nicht grafisch darstellen.

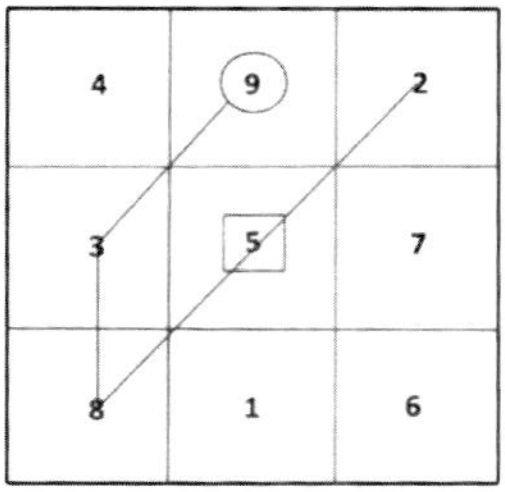

4	9	2
3	5	7
8	1	6

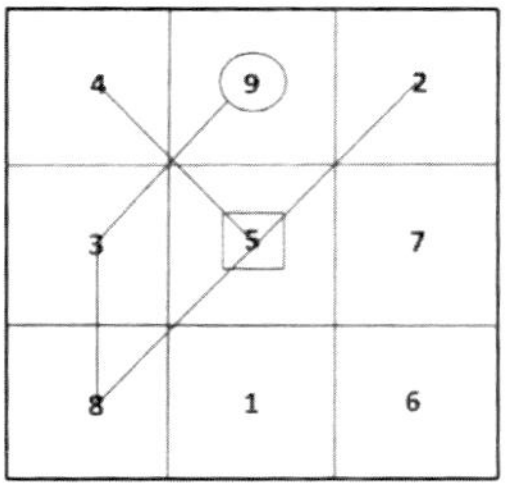

4	9	2
3	5	7
8	1	6

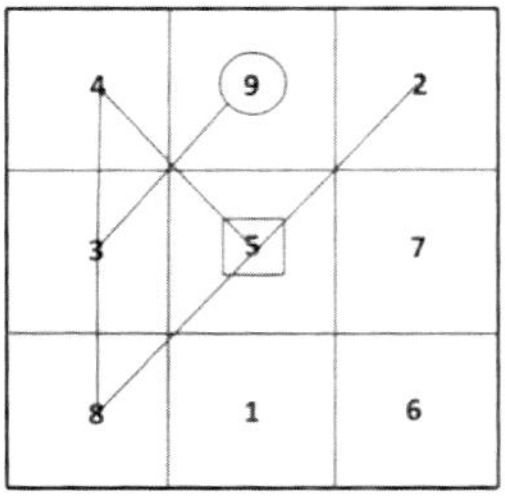

4	9	2
3	5	7
8	1	6

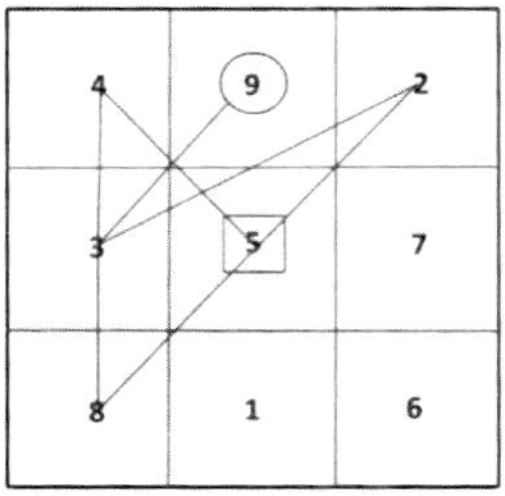

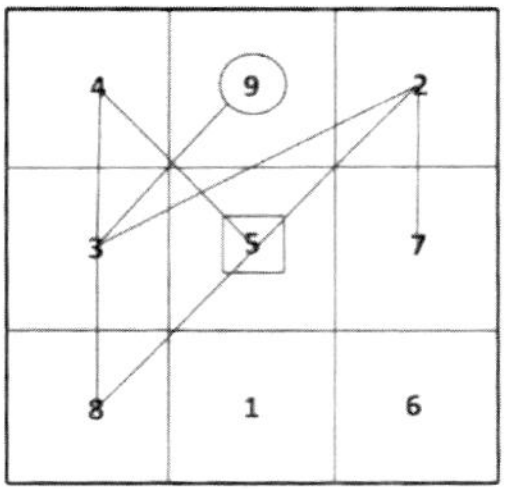

4	9	2
3	5	7
8	1	6

4	9	2
3	5	7
8	1	6

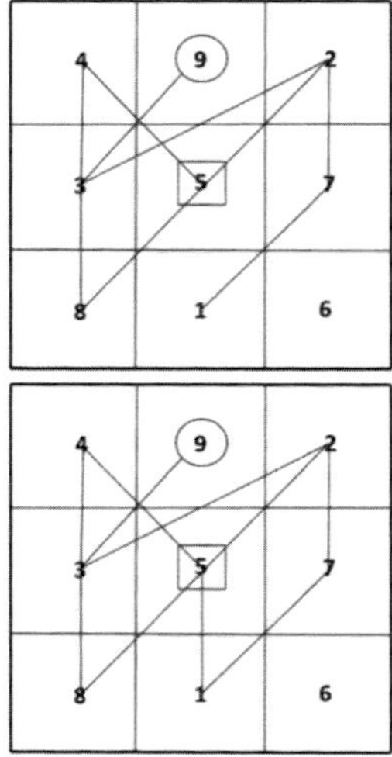

Da die Eins die letzte Zahl bzw. der letzte Buchstabe ist, schließen wir die Sigille hier wieder mit einem Kreis:

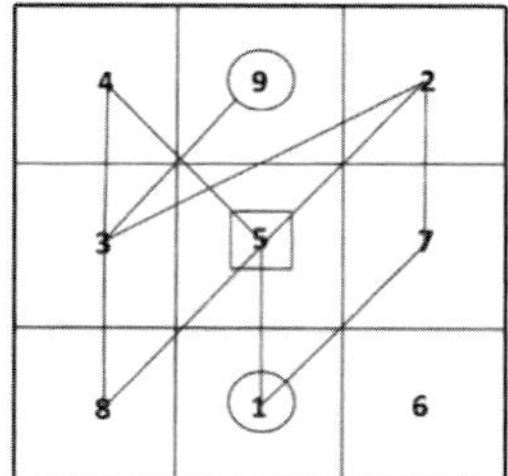

Die nun fertige Sigille wird jetzt noch einmal ohne das magische Quadrat aufgezeichnet:

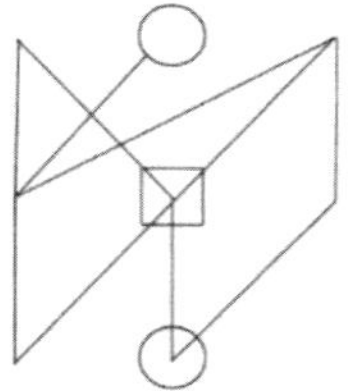

Wie nun deutlich ersichtlich ist, sind numerologische Sigillen die wohl sicherste Variante, eine Absicht so stark zu abstrahieren, dass diese von uns tatsächlich mit der Zeit vergessen werden kann. Auch wenn Sie sicher nicht grundsätzlich vergessen werden, woran Sie magisch gearbeitet haben, werden Sie mit der Zeit jedoch eine Vielzahl an Ritualen abgehalten und Sigillen erstellt haben. Mit jeder neuen magischen Arbeit rücken bisher erstellte Sigillen dann aus Ihrem persönlichen Fokus, bis Sie eines Tages über eine Ihrer Sigillen stolpern und auf Anhieb tatsächlich nicht mehr sagen können, was diese bewirken sollte. Genau dies ist das Ziel von Sigillen, denn auf diese Weise kann Ihr Unbewusstsein vollkommen ungestört von Ihrem Verstand an der Manifestation arbeiten. Nun bleibt zuletzt noch zu klären, was Sie mit Ihren Sigillen anstellen oder, anders gesagt, wie Sie damit verfahren sollten.

Sigillen müssen nämlich in einem letzten Schritt noch aktiviert werden und bei der hier zu verwendenden Methodik scheiden sich die Geister. Die meisten Wicca-Anhänger aktivieren Ihre Sigillen, indem Sie diese vernichten, was einfach und effektiv ist. Die Vernichtung kann auf vielerlei Arten geschehen, etwa durch Verbrennen. Eine andere Möglichkeit wäre, die Sigille zum Beispiel mit Senf auf ein Sandwich zu malen und dieses zu essen. Der Fantasie sind auch hier keine Grenzen gesetzt und man sollte die Art der Vernichtung dem Zweck der Sigille anpassen. Die Variante, diese aufzuessen, wäre zum Beispiel gut geeignet für einen Heilungs- oder Abnehmzauber. Außer der Vernichtung gibt es jedoch noch andere Möglichkeiten, Sigillen zu aktivieren, die meiner Ansicht nach besser sind, da sie die Verwendungsmöglichkeiten von Sigillen maximieren.

Zunächst ist es ganz wichtig und unerlässlich, die Sigille zu vergessen, bzw. die Absicht, die hinter der Sigille steht. Dafür räumt man sie erst einmal weg, man kann sie in einer speziellen Box verstauen oder in eine bestimmte Schublade legen, irgendwohin, wo man sie nicht mehr sieht, frei nach dem Motto: „Aus den Augen, aus dem Sinn!“ Dann beschäftigt man sich mit anderen Dingen und schiebt jeden aufkommenden Gedanken an diese Sigille konsequent von sich. Eine schöne Methode ist es, gleich mit der nächsten Sigille zu beginnen. Wenn man diese ein paar Tage später fertig hat und sie wegräumt, stößt man wieder auf die letzte Sigille und sollte sich zumindest nicht mehr an den genauen Wortlaut erinnern können, was fürs Erste vollkommen genügt. Nun nimmt man sich die Sigille und meditiert darüber, einfach, indem man sich in einen meditativen oder tranceartigen Zustand versetzt und dann die Sigille eine

Weile ansieht und auf sich wirken lässt. Ein Zustand der Gedankenleere ist hierfür unerlässlich, denn sonst würde man sofort beginnen, zu grübeln, welche Absicht hinter dieser Sigille steckte. Dafür eignet sich wieder die Meditation des geistigen Raums der Leere. Diese Meditation stellt die Aktivierung der Sigille dar, die man im Anschluss nach Belieben verwenden kann.

Bei allgemeinen Wünschen empfiehlt es sich, diese irgendwo zu platzieren oder aufzuhängen, wo man sie oft sieht, aber eher nebenbei, so dass man nicht immer die Zeit hat, sich darauf zu konzentrieren. Sie sollte einfach nur da sein und einem immer wieder einmal ins Auge springen. Den Rest erledigen unser Unbewusstsein und unsere geistigen Helfer. Wenn Sie gerne malen, sind Sigillen eine schöne Möglichkeit, Ihr Hobby mit der Magie zu verbinden. Bannen Sie Ihre Sigillen auf Leinwand und toben Sie sich dabei künstlerisch so richtig aus. So entsteht nicht nur ein einzigartiges Kunstwerk, sondern auch noch eines, das es magisch in sich hat! Eine andere Möglichkeit besteht darin, Sigillen auf Amuletten oder magischen Utensilien aufzubringen, wie wir es in einem der bisher vorgestellten Rituale bereits getan haben. Außerdem können Sie Sigillen in der Ritualmagie einbinden, was sich besonders für Rituale eignet, die man häufiger abhält.

Es gibt aber auch noch eine sehr schöne andere Einsatzmöglichkeit für Sigillen: die Ritualmagie. Nehmen wir einmal an, Sie möchten eine Person vor negativen Energien schützen und Sie führen dieses Ritual öfter durch, vielleicht auch für mehrere, verschiedene Personen. Also kreieren Sie eine Sigille, welche Schutz vor negativen Energien bietet, gehen nach der üblichen Vorgehensweise vor und aktivieren diese zum Schluss mit einer Meditation. Nun hängen Sie diese Sigille aber nirgendwo auf, sondern verwenden sie stattdessen im Ritual. Wenn Sie die zu schützende Person beispielsweise durch ein Foto symbolisieren, können Sie im zweiten Schritt einfach die Sigille als Symbol für den Schutz, den Sie erzeugen wollen, auf dieses Foto legen. Auch hier sind die Einsatzmöglichkeiten praktisch unendlich und nur durch Ihre Fantasie begrenzt.

Zu guter Letzt sollten Sie noch wissen, wie Sie eine Sigille wieder unwirksam machen können, was zwar selten nötig oder erwünscht, hin und wieder aber doch einmal erforderlich ist. Bei der Erstellung von Sigillen kann es nämlich, wie bei jeder Form der Magie, auch einmal zu unerwünschten Nebeneffekten kommen, zum Beispiel, weil man in seiner Absichtsformulierung nicht präzise genug war. An dieser Stelle wird deutlich, warum ich persönlich kein großer Freund der Variante bin, Sigillen durch Vernichtung zu aktivieren. In diesem Fall müsste man nämlich eine neue Sigille kreieren, um ihre Wirkung aufzuheben. Sigillen, die mittels Meditation aktiviert wurden, können hingegen durch Vernichtung auch in ihrer Wirkung aufgehoben werden. Am besten verbrennen Sie diese und visualisieren dabei, wie das von ihr erzeugte Energiefeld sich auflöst und die eingetretene Wirkung damit ebenso verschwindet.

Zauberhafte Welt

EINFÜHRUNG IN DIE RITUALE DES WICCA

Gefühlt tausendmal war in diesem Buch bereits von Ritualen die Rede und nun ist es endlich so weit: Sie sind gewappnet, in die praktische und gleichzeitig unermesslich geheimnisvolle Ritualwelt des Wicca einzutauchen. Aber was ist das eigentlich, ein Ritual? Das Wort ist längst alltäglicher Sprachgebrauch und jeder hat eine Vorstellung davon, aber was macht ein Ritual tatsächlich zum Ritual? Worauf kommt es dabei an?

Rituale sind zunächst einmal einfach festgelegte Handlungsabläufe. Wir tun sie immer wieder, immer in der gleichen (oder sehr ähnlichen Form) und sie gehen über praktischen, sachlichen Nutzen hinaus. Zum Inhalt haben können Sie nahezu alles und so ziemlich alles kann zum Ritual gemacht werden, viel wichtiger ist aber die Frage: Warum tun wir das? Darauf gibt es ein paar ziemlich interessante Antworten und die haben auch ganz konkret mit dem angewandten Wicca-Glauben zu tun. Wir nutzen Rituale, um aus einer Situation / Angelegenheit / Handlung etwas Besonderes zu machen, sie der Profanität des Alltags zu entreißen und damit auch klarzumachen: Hier geschieht etwas Besonderes, etwas, das besondere Aufmerksamkeit verdient. Schon daran wird klar, dass Rituale auch in zwei Richtungen wirken: Wir nutzen das Ritual, um uns selbst oder anderen zu zeigen, dass es um etwas Besonderes geht, aber genauso wirkt dann auch das Ritual auf uns und es verstärkt in uns das Empfinden, gerade mit etwas Bemerkenswertem zu tun zu haben. Dieser Aspekt spielt beim Praktizieren von Wicca natürlich eine große Rolle. Denn es geht ja gerade um die Dinge, die eben nicht einfach nur weltliche Alltagspraxis sind, sondern um das, was darüber hinausgeht, und da ist die Wirkung eines Rituals unschätzbar wertvoll – denn wir alle wissen, wie schwer es oft ist, tatsächlich den Schritt hinaus aus den Gedanken und Routinen des Alltags zu machen.

Darüber hinaus stiften Rituale Zusammenhalt in einer Gruppe, sie schweißen diejenigen zusammen und schwören sie gemeinsam auf ein Ziel oder eine Absicht ein, die ein Ritual teilen. Dazu müssen sie es nicht einmal gemeinsam ausführen: Auch, wenn Sie alleine an Ihrem heimischen Altar ein Wicca-Ritual abhalten, schafft es die verbindende Wirkung alleine dadurch, dass Sie wissen, wie Tausende von Gleichgesinnten weltweit dieses (oder ein vergleichbares) Ritual ebenfalls durchführen, und es ermöglicht Ihnen, auf intensive Art in eine geistige Verbindung mit Ihren Glaubensschwestern und -brüdern zu treten. Eine weitere Funktion eines Rituals: Es stiftet Zuversicht, beruhigt, bringt Verlässlichkeit. Denken Sie nur einmal an Einschlafrituale für Kinder oder Dinge wie den Morgenkreis im Kindergarten – das Ausführen von Handlungen, die ritualisiert und damit vertraut sind, die wir nicht jedes Mal neu entscheiden oder erfinden müssen, vermittelt Geborgenheit, Sicherheit und Ruhe und das gilt genauso für Erwachsene.

Ob Christentum, Yoga, die Schlussübung im Tanztraining oder eben Wicca, Rituale sind ein kraftvolles Instrument, um Ihnen die nötige Ruhe und Fokussiertheit zu verschaffen, die Sie einerseits für Ihre magische Tätigkeit, genauso jedoch für Ihr emotionales Alltagsleben brauchen. Und schließlich: Durch den Fokus und die Klarheit, die Sie erlangen, geben Rituale Ihnen die geistige Kraft und Beherrschung, Dinge zu bewegen und Energien so zu verwenden, wie Sie es als Hexe tun wollen – also setzen Sie auf die Macht der Rituale und genießen Sie jedes einzelne, das Sie durchführen!

(D)EIN GRIMOIRE – HANDBUCH DER HEXENKUNST

Langsam wird's konkret: Die ersten Rituale warten auf Sie und da darf eines nicht fehlen, nämlich Ihr ganz persönliches Zauberbuch, auch Grimoire genannt. Ursprünglich kam die Idee solcher Bücher bereits in der Antike auf und erlebte vor dem 18. Jahrhundert einen regelrechten Boom. Dabei handelte es sich zunächst um Werke, in denen gesammeltes Wissen – teils magisches, teils naturwissenschaftliches – festgehalten und somit anderen Menschen zugänglich gemacht wurde.

Es existieren auch kirchliche Grimoires, in denen dann etwa Engelsbeschwörungen zu Schutzzwecken oder Heiligenanrufungen niedergeschrieben waren, daneben gab es zahlreiche Grimoires, die Aspekte magischen Volksglaubens notierten, und auch solche, die explizit Anleitungen zu Verfluchungen, Dämonenanrufung oder verschiedenen okkulten Techniken beinhalteten. Dies ist nur nebenbei erwähnenswert, um zu erläutern, worum es sich dabei im Kern handelt, denn „Grimoire" leitet sich schließlich vom altfranzösischen „gramaire" her, wovon auch der Grammatikbegriff abstammt, und genauso sind die Bücher auch zu verstehen: quasi also praktische Anleitungen, Lehrbücher der Magie.

Im Wicca begegnet Ihnen dazu auch immer wieder das sogenannte „Buch der Schatten". Es gilt als eine Art Geheimbibel des Wiccatums und hat mittlerweile eigentlich zwei unterschiedliche Bedeutungen. Zum einen bezeichnet es ein Buch, gewissermaßen das „Ur-Buch der Schatten", das von Gerald Brousseau Gardner unter dem ursprünglichen Titel „Ye bok of Ye Art Magical" veröffentlicht und sowohl von ihm selbst als auch von Doreen Valiente mehrfach überarbeitet worden sein soll. Es beinhaltet Rituale, Glaubensüberzeugungen, Geheimnisse der Wicca-Magie und vieles mehr und kann als eine Art Grundlagenwerk oder auch Anleitung des Wiccatums gesehen werden. Daneben hat das „Buch der Schatten" heute eine zweite Form, und zwar handelt es sich um ein Grundlagenwerk jedes einzelnen Coven und auch viele Hexen führen ihr persönliches „Buch der Schatten". Diese sind Grimoires im besten Wortsinne, nämlich praktische Anleitungen zur magischen Arbeit. Die meisten Coven führen ein solches Buch, das auch stetig ergänzt wird durch neue

Erfahrungen und Praktiken und die Tradition ist, dass ein neues Mitglied, wenn es tatsächlich in den Coven initiiert wird, dann den Inhalt dieses „Buches der Schatten" handschriftlich kopieren darf. Manchmal gibt es auch kein gemeinsam geführtes Buch, sondern eines im Besitz der Hohepriesterin, aus der der Novize abschreiben darf, und anschließend führt so gut wie jede Hexe ihr ganz persönliches „Buch der Schatten" für sich weiter. Das geht selbstverständlich auch als freifliegende Hexe und so sollten Sie sich, wenn Sie ernsthaft in den Wicca-Glauben einsteigen möchten, auf jeden Fall Ihr eigenes Zauberbuch anlegen.

Der Aufbau der Schattenbücher ist meist sehr ähnlich: Zu Beginn findet man eine Art Fluchtext, der etwaige Unbefugte, die zufällig in Besitz des Textes gelangen, vom Weiterlesen abhalten soll, dann folgt die zentrale Ethik-Grundlage des Hexenwesens (Sie erinnern sich: Tu, was du willst, solange du niemandem schadest), anschließend eine Offenbarungspassage über das Wesen der dreifaltigen Göttin.

Den Hauptteil des Buches – und somit den lebendigsten, weil in stetiger Wandlung begriffenen Teil – macht dann das aus, was an magischer Alltagspraxis folgt: Informationen zu Gott, Göttin, Feiertagen, den Elementen und möglichen Anrufungen, Anleitungen zu Initiationsriten oder wichtigen Kulthandlungen, wie etwa das Handfasting, Beschreibungen von Ritualen wie dem Herabziehen des Mondes, dem Ziehen eines schützenden Kreises etc., gesammelte Rituale des Covens bzw. der Hexe, aber auch Wissen rund um Symbole, Rezepturen, Heilkräuter und deren Verwendung, Mineralienkunde und alles, was zur Zauberpraxis notwendig ist. Dieses Buch wird Sie Ihr ganzes Hexenleben lang begleiten und wird so Schritt für Schritt zur Chronik Ihrer eigenen magischen Geschichte. Notieren Sie hier alles, was Sie an Erkenntnissen sammeln, welche Erfahrungen Sie machen und wie genau Sie Ihre Rituale durchführen, und lassen Sie sich davon inspirieren, wie Ihre eigene spirituelle Persönlichkeit wächst und wächst und wächst.

Eine wichtige Frage steht hierbei noch im Raum: Die Rede ist stets von geheimem Wissen und geheimen Ritualen, wie etwa dem Geheimnis bei der Weihung eines neuen Mitglieds. Wie aber können Sie dann in einem Buch wie diesem einfach so darüber lesen? Dazu muss man sich die Entwicklung des Wicca in den letzten Jahrzehnten vor Augen führen. Gab es zu Beginn nur ein paar Handvoll Wiccas, die in geheim gehaltenen Zirkeln praktizierten und nicht gerade bestrebt waren, ihr Umfeld etwas davon erfahren zu lassen, so änderte sich der Ansatz grundlegend, als Wicca sich als Religion über alle Kontinente verbreitete und Hunderttausende neuer Mitglieder gewann. Das Preisgeben von Geheimnissen war zunächst alles andere als unumstritten, die ersten, die in großem Umfang Wicca-Wissen in Büchern veröffentlichten, waren Janet und Stewart Farrar und ihnen schlugen zu Beginn Vorwürfe entgegen. Es setzte sich jedoch bald der Pragmatismus durch: Mit Millionen Gläubigen rund um den Globus sowie der Technologie des Internets wurde es bald schier utopisch, davon auszugehen, man könne, wenn man wolle, per Verbot die Geheimhaltung befehlen. Und schließlich wollte man auch nicht mehr, denn: Wenn man selbst davon überzeugt ist, dass ein bestimmter Weg Menschen in ihrer spirituellen Entwicklung von großem Wert sein kann, weshalb sollte man ihnen den dann vorenthalten? Deshalb finden Sie heute reichlich Literatur über die Inhalte des Wicca, teilweise sogar aus der Anfangszeit der Bewegung. Und das wirkliche Geheimnis bleibt ohnehin den Eingeweihten vorenthalten: Denn selbst, wenn einem völlig Unkundigen ein Buch der Schatten in die Hände fiele und er es läse – was würde passieren? Er würde vielleicht die Stirn runzeln und sich wundern, täte das Ganze als Unfug ab und selbst, wenn er sich an einem Ritual versuchte und bestimmte Formeln abläse, es würde nichts weiter geschehen.

Er hätte keinen Zugang zu dem, was das Geheimnis tatsächlich beinhaltet, denn wie Sie wissen, ist Magie das Ergebnis langer, fokussierter und hingebungsvoller Arbeit an Ihren eigenen spirituellen Fähigkeiten. Man liest nicht einfach als Ahnungsloser einen mächtigen Zauberspruch und richtet damit versehentlich gewaltiges Unheil an – genau das ist es, was Wicca von billigem Hokuspokus unterscheidet.

SCHRITT FÜR SCHRITT ZUR HEXE

Mittlerweile sind wir in diesem Buch schon sehr weit gekommen und widmen uns als Nächstes ganz konkret dem Ritualdurchführen. Allerdings lesen Sie ein Buch natürlich viel schneller, als Ihre spirituelle Entwicklung voranschreitet, deshalb an dieser Stelle noch einmal eine kurze Einordnung, wann Sie mit solchen Ritualen überhaupt beginnen sollten. Ihr Weg zur Hexe vollzieht sich in einigen bestimmten Schritten:

Erstens: Wissen sammeln und Informationen erwerben – genau dafür lesen Sie dieses Buch.

Zweitens: In Kontakt kommen mit den eigenen Kräften, um sich darauf vorzubereiten, für Magie überhaupt empfänglich zu werden. Wie das geht, haben Sie in den vorhergehenden Kapiteln erfahren, wie lange dieser Prozess dauert, hängt von Ihnen ab, und nur Sie selbst können auch feststellen, ob Sie Fortschritte machen und wann Sie sich bereit fühlen, einen Schritt weiterzugehen. Tipp: Haben Sie Geduld, auch wenn es schwerfällt. Da passiert leider weder auf Knopfdruck noch mit Zwang und Hetze besonders viel, ganz im Gegenteil können diese Dinge sich erst entfalten, wenn Sie sich selbst die nötige Gelassenheit und Zeit geben. Eilen Sie nicht zu schnell voran, das führt nur zu Enttäuschungen, weil nämlich – genau: nichts passiert.

Drittens: Wagen Sie sich an erste kleine, einfache Rituale, ganz besonders geeignet sind solche bei Vollmond, denn hier erhalten Sie die stärkste Kraftunterstützung.

Viertens: Wenn Sie eine Weile praktiziert haben, können Sie darüber nachdenken, sich selbst der Magie zu weihen. Das muss nicht unbedingt einer Selbstinitiation gleichkommen, sondern kann zunächst auch einfach ein bewusstes Bekenntnis zur Magie und zu Ihrem Wicca-Weg sein, mit dem Sie vor sich selbst festhalten: Ja, das ist das Richtige für mich.

Fünftens: Je nachdem, wie Sie dauerhaft praktizieren möchten: Suchen Sie sich einen Coven, dem Sie sich als Kandidat anschließen können, und folgen Sie dort dem Weg der Initiationsgrade oder schreiten Sie selbst voran, bis Sie spüren, bereit für Ihre Selbstinitiation zu sein.

Wenn Sie schließlich so weit sind, dass die ersten Rituale auf dem Plan stehen, dann geht's hier weiter.

RITUALVORBEREITUNGEN

Klären wir zunächst ein paar grundsätzliche Fragen: Wie ist ein Ritual aufgebaut, was brauchen Sie dazu und welche Vorkehrungen müssen Sie treffen? Die Ausrüstungsfrage ist die konkreteste. Vorab: Es gibt eine Menge „Zutaten", die Wiccas für ihre Rituale nutzen, also Werkzeuge, Gefäße, Symbole, Dekoration und so weiter. Nichts davon müssen Sie verwenden, vieles davon möchten Sie vielleicht verwenden, einiges ist nahezu unverzichtbar und genauso gut können Sie Dinge nutzen, die Ihnen selbst einfallen und für Sie besondere Magie haben. Hier eine Übersicht der häufigsten Ritualgegenstände sowie Ihre Bedeutung bzw. Verwendung.

Athame: Ein zweischneidiges Messer in der Farbe Schwarz, das rein rituellen Charakter hat und nicht zum Schneiden genutzt wird. Es konzentriert und steuert Energie und wird etwa benutzt, um einen magischen Kreis zu ziehen, oder auch als phallisches Symbol für das männliche Prinzip.

Bolline: weißes Messer für praktische Schneidarbeit von Kräutern o. Ä., auch, um Zeichen in Kerzen zu ritzen oder aber einen Zauberstab zu schnitzen

Stab: lenkt ebenfalls Energie, klassische Vorstellung vom Zauberstab

Pentakel: eine runde Scheibe mit aufgezeichnetem Pentagramm in einem Kreis

Kordel: wird z. B. beim Handfasting genutzt, aber auch bei Ritualen durchgeschnitten, die Trennungen, Ende und Ähnliches zum Thema haben

Altar: Der Altar ist eine sehr persönliche Sache, den jede Hexe genau nach Ihren Vorstellungen gestalten sollte. Er ist Mittelpunkt eines jeden Rituals, verändert damit notwendigerweise sein Aussehen immer wieder aufs Neue, für viele Hexen ist er aber auch als eine Art dauerhafte Installation im Alltag von Bedeutung und ist dann z. B. den Feiertagen entsprechend geschmückt. Bei Ritualen in Gruppen ist der Altar Wirkungsgebiet der Hohepriesterin.

Räuchervorrichtung: Ob Weihrauchschale, kleiner Räucherofen oder Ähnliches, Räucherungen gehören zum Ritual-Standardrepertoire und eine entsprechende Vorrichtung darf nicht fehlen.

Besen: der legendär klischeebelastete Hexenbesen existiert tatsächlich, wird allerdings ganz anders genutzt als gedacht, denn Hexen verwenden ihn zur symbolischen Reinigung von Räumen, z. B. dem Ort eines magischen Kreises

Kelch / Schale oder vergleichbares Gefäß: findet oft Verwendung, um das Element des Wassers zu symbolisieren, ebenso als weibliches Pendant zur männlichen Athame

Hexenkessel: wird manchmal tatsächlich zum Kochen von rituellen Speisen genutzt, ansonsten als Gefäß zum Räuchern

Pendel: ein schwererer Gegenstand, der an einer Schnur hängt und zum Pendeln verwendet wird, kann leicht selbst gebastelt werden

Labrys: eine Doppelaxt mit Axtblatt auf beiden Seiten des Stiels

Kerzen: unverzichtbare Utensilien, werden in sehr vielen Ritualen genutzt

Kreide: wird gerne zum Ziehen des Kreises verwendet

Orakelgegenstände: Tarotkarten, Pendel etc., falls diese Teil des Rituals sein sollen

Salz: damit lässt sich geweihtes Wasser herstellen, etwa zum Kreisziehen, Gegenständeweihen etc.

Edelsteine: bestimmte Steine, insbesondere Quarze wie Achat, Bergkristall, Jaspis, Rosenquarz, Amethyst oder Opal, sind sehr hilfreich dabei, Energie zu konzentrieren und zu bündeln, und somit in der Lage, jedes Ritual grundsätzlich zu verstärken, auch, wenn sie einfach nur auf den Altar gelegt werden

Das sind die häufigsten und auch auffälligsten Wicca-Ritual-Utensilien, allerdings werden nicht alle davon gleich oft verwendet. Dazu kommen außerdem immer noch einige andere Gegenstände, die ganz konkret vom jeweiligen Ritual abhängen: Das können eine Frucht als Opfergabe sein, bestimmte Heilkräuter und Edelsteine, etwa Tücher, um über optische Gestaltung und Farben bestimmte Aspekte zu symbolisieren, Blumen, Zweige, gesammelte Gegenstände aus der Natur, Räucherwerk, Statuen von Gottheiten, Symbole der verschiedensten Art, Wein, Salz, Lebensmittel und vieles mehr. Hier legen Sie sich entweder das bereit, was für ein bestimmtes Ritual beschrieben wird, oder aber Sie integrieren Gegenstände, die sich für Sie intuitiv als kraftvoll, wirkmächtig und für das entsprechende Ritual passend anfühlen. So ziemlich alles, was für Rituale verwendet wird, können Sie mittlerweile in zahlreichen Online-Shops erwerben, ob das für Sie das Richtige ist, müssen Sie selbst entscheiden. Grundsätzlich können Sie das meiste, was Sie brauchen, selbst herstellen, finden oder „zweckentfremden" und gerade zu diesen Gegenständen baut man oft eine besondere Verbindung auf oder in ihnen liegt eine besondere Energie – etwa bei einem Zauberstab, den Sie aus einem im Wald gefundenen Ast machen. Auf der anderen Seite können auch erworbene Dinge ihre Daseinsberechtigung haben, wenn Sie etwa eine wunderschöne Athame kaufen, deren Ästhetik Sie erfüllt und erfreut. Auch bei Kräutern oder Räuchermischungen hängt es davon ab, ob Sie überhaupt die Möglichkeit und Lust haben, selbst anzubauen, oder eben doch lieber kaufen. Generell sollten Sie im Hinterkopf behalten, dass mit kommerzialisiertem Hexen-Equipment natürlich auch einfach eine Menge Geld zu machen ist und Sie sich von Versprechungen wie „besonders wirksam" nicht täuschen lassen – die Kraft in allen Dingen kommt immer noch aus Ihnen selbst und ob Sie die in einen selbstgeschnitzten Stab fließen lassen oder einen gekauften, liegt bei Ihnen.

Und wie sehen die Vorbereitungen aus? Eigentlich ganz einfach. Nehmen Sie sich ausreichend Zeit, auch davor und danach. Sie sollten sich vor dem Ritual in eine ruhige, konzentrierte Verfassung bringen, in der Sie wirklich offen sein können für die Erfahrungen und Energien und zugleich im Vollbesitz Ihrer geistigen Kräfte sind, um damit umzugehen. Nach dem Ritual sollten Sie Zeit haben, um das Erlebte zu verarbeiten und auch wieder zu Kräften zu kommen, denn manche Rituale – wie etwa das Herabziehen des Mondes in Trance für die Hohepriesterin – können ziemlich anstrengend sein. Halten Sie deshalb stets etwas zum Trinken und zum Essen bereit. Suchen Sie sich außerdem einen ungestörten, ruhigen Ort, der auch für Sie die passende Energie verströmt – entweder einen Raum in Ihrem Zuhause, den Sie dann ohnehin regelmäßig nutzen, oder, wenn Sie unter freiem Himmel praktizieren, einen Ort, an dem Ihr Treiben erlaubt, sicher und ungestört ist. Legen Sie sich alles in Griffweite (also auf jeden Fall innerhalb Ihres magischen Kreises) bereit und treffen Sie auch nötige Sicherheitsvorkehrungen (etwa ein Eimer Wasser zum Löschen, falls Sie mit Räucherwerk oder Feuer hantieren). Und vor allem: Machen Sie sich im Voraus klare Gedanken über Absicht, Inhalt und Ziel des Rituals, insbesondere, wenn es nicht einfach um das übliche Samhain-Ritual geht, sondern Sie etwa einen Liebeszauber oder ein Erfolgsritual abhalten. Denn nur, wenn Sie die gewünschten Ziele absolut klar vor Augen haben, können Sie Ihre Energie fokussiert darauf verwenden, also formulieren Sie nicht, „Ich will endlich erfolgreich im Job sein", sondern eher etwas wie: „Ich will die Zielstrebigkeit aufbringen, übermorgen im Vorgesetztengespräch meinen Anspruch auf Beförderung überzeugend durchsetzen zu können."

GRUNDLAGEN VON RITUALEN

Je nach Zweck oder Anlass laufen einzelne Rituale natürlich völlig unterschiedlich ab, einige grundsätzliche Gemeinsamkeiten gibt es aber trotzdem. Da ist zum einen der Aufbau des Altars. Er richtet sich in aller Regel nach den vier – oder fünf – Elementen und den vier Himmelsrichtungen, die miteinander in Verbindung stehen: Im Norden steht die Erde, der Osten repräsentiert die Luft, die südliche Himmelsrichtung vertritt das Feuer und im Westen schließlich findet sich das Wasser. Und das fünfte Element, der Geist? Der kommt in die Mitte. Der grundlegende Altaraufbau orientiert sich daran, das heißt, dass in Form eines gedachten Kreises nach den Himmelsrichtungen ausgerichtet jeweils Gegenstände platziert werden, die das entsprechende Element symbolisieren. So ist in jedem Ritual die Gesamtheit der Natur integriert, woraus das Wicca schließlich all seine Kraft zieht. Folgende Gegenstände eignen sich hierfür:

Element Wasser: Schale mit Wasser, Wein, ein blaues Tuch, das in Wellen gelegt wird, andere Flüssigkeiten, Muscheln

Element Feuer: Klassiker ist die Kerze, aber auch kleine Feuer – je nach Umgebung und Größenordnung – sind denkbar

Element Erde: ein Schälchen mit Erde, ein Pentakel (traditionell der Erde zugeordnet), Edelsteine, Salz

Element Luft: Räucherwerk, Federn

Element Geist: z.B. Götterstatuen oder Bilder, evtl. auch der Hexenkessel – hier ist Ihre Fantasie gefragt

Darüber hinaus widmet sich der Altar in seiner Aufteilung der weiblichen und männlichen Kraft: In den meisten Traditionen ist die linke Hälfte für die femininen Aspekte reserviert, die rechte hingegen steht im Zeichen der Männlichkeit. Entsprechend finden sich auf den Altarseiten auch Gegenstände, die als Symbol für Gott und Göttin bzw. männliches und weibliches Prinzip gelten.

Gegenstände, die die Göttin symbolisieren: Kelch und andere Gefäße, Mond-Symbole, evtl. Bilder oder Statuen von weiblichen Gottheiten, die Ihnen persönlich nahestehen, Kerzen in den Farben Weiß, Lila, Blau oder Grün, Gegenstände, die den Gott symbolisieren, Athame, Schwert und Stab, andere phallische Gegenstände, Sonnen-Symbole, Bildnisse männlicher Gottheiten, Dinge, die mit Jagd zu tun haben, Kerzen in den Farben Orange, Gelb, Rot oder auch Schwarz.

Das Zentrum des Altars bildet meist ein ganz besonderer Gegenstand: Entweder einer, der Sie immer bei Ihrer magischen Arbeit begleitet und deswegen ganz besondere Kraft besitzt, oder etwas, das den Zweck des aktuellen Rituals verkörpert, oder aber ein Pentakel bzw. Pentagramm, da dieses Zeichen nahezu unverzichtbar ist im Wicca-Zauber.

Darüber hinaus können Sie Ihren Altar schmücken, wie Sie möchten. Die einen bevorzugen es schlicht und puristisch, andere gerne opulent, bunt, abwechslungsreich oder kunstvoll ausgestaltet. Blumen, Tücher, Farben, Bilder, Symbole, Edelsteine – folgen Sie hier ganz Ihrem persönlichen Empfinden, denn am Ende geht es nur darum, dass Sie damit möglichst kraftvoll und konzentriert arbeiten können. Das gilt natürlich auch für den Altar selbst: Ob edler geschnitzter Holztisch, eine schlichte

Kommode, eine Steinplatte – das liegt ganz bei Ihnen. Was sich allerdings sagen lässt: Naturmaterialien und -gegenstände haben natürlich meist eine ganz besondere Kraft, die Sie in die Rituale einbringen, wenn Ihnen diese Ästhetik gefällt, liegen Sie damit auf jeden Fall immer richtig.

Bevor Sie mit den konkreten Vorbereitungen beginnen, sollten Sie stets einige Fragen für sich klären:

- **Was genau ist der Zweck dieses Rituals? (Feiern, Besinnen, Beschwören, Erbitten etc.)**
- **Was möchte ich damit erreichen? (konkretes Ergebnis, Stärkung der eigenen Kraft, spirituelle Erfahrung im Jahreskreis etc.)**
- **Welche Symbole werden mir dabei helfen?**

Hier werden Sie gerade zu Beginn viel interessante Recherchearbeit leisten müssen, denn zwar finden Sie alle Grundlagen in diesem Buch, allerdings werden Ihre Rituale immer persönlicher und spezifischer werden und dementsprechend auch die Gegenstände bzw. Zeichen, die Sie dafür nutzen. Viele Blogs und Foren bieten Ihnen hier spannende und hilfreiche Inspirationen, wenn erfahrene Hexen einzelne Ritualideen mit Ihnen teilen, die möglicherweise Ihrem genauen Ziel sehr nahekommen. Bleiben Sie also stets neugierig, sammeln Sie Anregungen und vergessen Sie nicht, eifrig in Ihrem Buch der Schatten zu notieren – so erweitert sich Ihr persönliches Repertoire immer weiter.

- **Was benötige ich an Zubehör?**
- **Wie genau soll das Ritual ablaufen?**

Sind diese Punkte klar, können Sie die konkreten Vorbereitungen treffen. Der grundlegende Ritualaufbau ist dabei dann immer sehr ähnlich, zumindest, wenn Sie den Traditionen folgen möchten. Das ist mindestens am Anfang absolut empfehlenswert, denn schließlich steckt in dieser Form das Wissen von Jahrhunderten und der Aufbau existiert nicht ohne Grund: So gelingt es Ihnen am einfachsten und zuverlässigsten, sich und Ihren Ritualraum in den Zustand zu versetzen, den Sie für das Arbeiten mit Magie brauchen. Je erfahrener und wirkmächtiger Sie sind, desto mehr gestalterische Freiheit ergibt sich – aber keine Sorge, die sich verschiebenden Grenzen Ihrer Möglichkeiten werden Sie sehr genau spüren.

Nun kommen wir zum Aufbau des Rituals an sich, den wir der Einfachheit halber in mehrere Schritte aufteilen.

Vorbereitende Reinigung: Reinigen Sie sowohl sich selbst als auch den Raum, in dem Ihr Ritual stattfindet. Die Möglichkeiten hierzu sind vielfältig, simple Körperhygiene mit Dusche und frischer Kleidung klingt zwar profan, wird aber trotzdem meist genutzt, dazu kommt seelisch-psychische Reinigung. Meditation, Achtsamkeitsübung, evtl. auch bestimmte Yogaübungen, falls Sie Praktizierender sind, sind hier gute Möglichkeiten. Den Raum – egal, ob es sich um einen geschlossenen Raum in Ihrem Haus handelt oder einen Ritualraum unter freiem Himmel – können Sie symbolisch mit Ihrem Hexenbesen ausfegen (moderne Hexen nutzen auch manchmal ganz praktisch den Staubsauger, es kommt ganz darauf an, wie sehr bildliche Symboliken Ihnen persönlich bei der Fokussierung helfen) oder Sie nutzen Reinigungsrituale:

- **Räuchern:** Kraftvolle Methode zur Reinigung, besonders geeignet ist das Verbrennen etwa von Salbei oder Weihrauch, zünden Sie ein entsprechendes Kräuterbündel an und löschen Sie die Flamme, sodass es nur weiter raucht. Bitte immer Vorsicht bezüglich Brandgefahr (ganz besonders im Wald – dort ist so etwas meist ohnehin verboten und Sie sollten auf andere Methoden zurückgreifen), Achtung auf Rauchmelder, Unverträglichkeiten, Asthma etc.
- **Salz:** Verwenden Sie Meersalz, dass Sie in Ihrem magischen Raum verstreuen.

Bei all diesen Reinigungstechniken beginnen Sie im Osten und bewegen sich dann mit dem Uhrzeigersinn. Dazu führen Sie die Handlungen langsam, bedächtig und ritualisiert aus und konzentrieren sich auf die Visualisierung, wie negative Energien den Raum verlassen. Wenn Sie möchten, verstärken Sie Ihre Konzentration mit Sprüchen wie: „Kräfte, die ihr nicht erwünscht seid, verlasset nun diesen Raum, Reinheit herrsche hier und so soll es sein."

Apropos Uhrzeigersinn: Die Dreh- und Bewegungsrichtung spielt bei magischen Ritualen eine herausragende Rolle. Wenn Sie Energien ansammeln und herbeirufen möchten, so bewegen Sie sich „deosil", also im Uhrzeigersinn. Achten Sie darauf unbedingt während Ihres ganzen Rituals, ganz egal, ob Sie sich beim Tanzen drehen, um den Altar herumgehen oder sich nur einem umwenden – immer im Uhrzeigersinn. Gegen Ende des Rituals, wenn die beschworenen Kräfte langsam wieder freigelassen werden sollen, ändern Sie Ihre Bewegungsrichtung zu „widdershins", also entgegen dem Uhrzeigersinn.

Ziehen des Kreises: Das Ziehen eines magischen Kreises ist absolut unverzichtbar für jedes Ritual, denn es schafft einen geschützten, heiligen Raum, in dem nur Gutes, Liebe, positive Energien und Schützendes herrschen. Er ist ein Schutzwall gegen alles Schädliche und Negative, er hält Schaden, zerstörerische oder auch einfach nur chaotische Energien aus Ihrem Ritualraum fern und schafft Ihnen den bedingungslosen Schutzraum, den Sie benötigen, um sich auf die Verletzlichkeit und Intimität eines Rituals entspannt und ohne Bedrohung einlassen zu können. Darüber hinaus hilft er auch in die Gegenrichtung: Ihre Energie bleibt im Kreis und bleibt Ihnen zur magischen Verfügung. Ist der Kreis wirkungsvoll und stabil gezogen, kann ihn nichts betreten oder verlassen, dem Sie nicht die Erlaubnis dazu erteilen. Und so geht's: Ziehen Sie eine Kreislinie um den Bereich, in dem Sie arbeiten möchten. In diesem Bereich steht Ihr Altar und Sie haben genügend Raum, sich so zu bewegen, wie Sie möchten. Für die Linienziehung haben Sie verschiedene Möglichkeiten: Malen Sie den Kreis mit Kreide, streuen Sie ihn mit Salz, legen Sie ihn mit Steinen, platzieren Sie Edelsteine (insbesondere Quarze) oder aber „zeichnen" Sie ihn mit Stab oder Athame in die Luft. Gerade zu Beginn hilft aber eine sichtbare Linie bei der Visualisierung, denn mit dem Malen alleine ist es nicht getan. Rufen Sie als Nächstes die Viertel bzw. Wächter oder Wachtürme an, auch Hüter des Platzes genannt, damit Sie den magischen Kreis während Ihres Rituals beschützen und aufrechterhalten.

Diese sind den Himmelsrichtungen zugeordnet, wenden Sie sich zunächst in Ihrem Kreis gen Osten und rufen Sie den Hüter des Ostens an, drehen Sie sich anschließend im Uhrzeigersinn weiter Richtung Süden und rufen Sie das Feuer, dann im Westen das Wasser und schließlich die Erde im Norden. Dazu können Sie auch jeweils eine Kerze entzünden und an die entsprechende Stelle des Kreises stellen. Zur Anrufung können Sie freie Worte verwenden oder Sie nutzen Formulierungen wie Folgende: „Oh Hüter des Ostens, wache über mein Ritual und schenke mir die Kraft, es klug zu nutzen." Rufen Sie anschließend – wieder entsprechend der Himmelsrichtungen – die Elementargeister an, Ihren Kreis zu schützen und Ihrem Ritual beizuwohnen (Sie erinnern sich: Luft – Osten, Feuer – Süden, Wasser – Westen, Erde – Norden): „Oh, ihr mächtigen Wesen der Lüfte, eilt mir zu Hilfe und haltet treu Wache an meinem Kreis! Schenk meinem Ritual eure Energie und schirmt mich von Mächten, die ich nicht will!" Sie können gerne freie Formulierungen für sich selbst wählen oder vielleicht finden Sie bei der Lektüre anderer Wiccas Sprüche, die Ihnen gefallen – allerdings teilen viele Hexen ihre Invokationen nicht. Halten Sie eine Weile inne, bis Sie spüren, dass die gerufenen Geister Ihrer Bitte Folge leisten, und konzentrieren Sie sich auf die Visualisierung Ihres Kreises, indem Sie ihn sich etwa als große helle Kugel aus Licht vorstellen, in deren Mitte Sie geborgen und sicher verweilen. Ganz wichtig und hoffentlich selbstverständlich: Seien Sie in Ihren Anrufungen, aber auch in Ihrer Geisteshaltung freundlich, respektvoll und achtend – Sie bitten, Sie befehlen nicht, das können Sie gar nicht. Wenn Sie fühlen, dass Ihr Kreis sicher, fest und vollständig geschlossen ist, nehmen Sie sich einen Moment, um die Schwingungen, die nun herrschen, in sich aufzunehmen. In dieser Atmosphäre werden Sie nun magisch arbeiten.

Ritualkern: Als Nächstes sind Sie bereit für den eigentlichen Inhalt Ihres Rituals. Auf den wird hier nur kurz eingegangen, da er so individuell wie jedes Ritual ist, genaue Anleitungen finden Sie im folgenden Kapitel, das einzelne Rituale anleitet. Hier werden nun Gottheiten angerufen, Geister heraufbeschworen, Energien herbeigerufen, Orakel durchgeführt – eben das, weshalb Sie Ihr Ritual abhalten. Sie sammeln nun die Energie in sich, bis sie so hochkonzentriert ist, dass Sie sie auf Ihr gewünschtes Ziel richten können – jetzt üben Sie tatsächlich Magie aus.

Restenergie erden: Ihre magische Arbeit ist vollbracht und Sie werden spüren, dass Sie die gewaltige Energie, die Sie beschworen haben, verwendet haben, allerdings entlädt sie sich meist nicht komplett. Umso wichtiger ist es, aktiv dafür zu sorgen, dass Sie wieder in ein gesundes, „alltagstaugliches" Gleichgewicht zurückkehren, in dem Sie die überschüssige Energie durch Erden abgeben. Stellen Sie sich stabil und mit etwas geöffneten Beinen mit maximalem Bodenkontakt hin und lassen Sie die Energie durch Ihre Füße in den Erdboden abfließen. Zur Visualisierung hilft es, sich vorzustellen, dass aus Ihren Füßen Wurzeln wie bei einer Pflanze bis tief in die Erde hineinwachsen, über die Sie all die Energie, die noch übrig ist, in den Boden einleiten und sich davon befreien. Diesen Schritt sollten Sie nie überspringen, denn das Wiederherstellen der natürlichen Balance ist unverzichtbar für Ihr Wohlbefinden, andernfalls können sich im Nachhinein unangenehme Empfindungen, wie Unruhe, Angespanntheit, Schwächegefühl oder sogar Kopfschmerzen, bemerkbar machen.

Dank an die Gottheit: Bedanken Sie sich nun bei der Gottheit bzw. den Gottheiten, die Sie in Ihrem Ritual angerufen haben. Hier eignen sich selbstformulierte Aussprüche besonders gut, da Dankbarkeit eine sehr persönliche emotionale Komponente hat, Sie können sich aber auch an Formulierungen wie diese orientieren: „Oh [...], empfange meine tiefen Dank! Ich preise deine Kraft, ich lobe deine Weisheit und ich danke dir, dass du meinem Ruf gefolgt bist."

Dank an die Wächter: Als Nächstes bedanken Sie sich bei den vier Wächtern, ebenso, wie Sie es zuvor mit den Gottheiten gemacht haben. Vergessen Sie auch nicht, sie wieder freizugeben – denn so lange sind die Wächter Ihrer vorherigen Bitte zum Schutz verpflichtet. Folgende oder ähnliche Formulierungen sind möglich: „Heiliger Hüter des Ostens, deine machtvolle Präsenz hat meinen Kreis bewacht. Ich danke dir für den Schutz, den du gewährt hast, und gebe dich nun frei – mögest du in Frieden gehen!"

Auflösen des Kreises: Tun Sie nun die Schritte, die Sie zum Errichten des Kreises getan haben, in genau umgekehrter Reihenfolge – also beginnend im Norden, gegen den Uhrzeigersinn hin bis zum Osten. Bedanken Sie sich einzeln bei den Elementargeistern, geben Sie sie frei, so, wie Sie es auch mit den Wächtern getan haben. Haben Sie Kerzen entzündet, löschen Sie diese, haben Sie Steine oder Salz verwendet, entfernen Sie alles. Visualisieren Sie auch hier, wie Sie Stück für Stück die Barriere zwischen sich und der Umwelt entfernen, und geben Sie zuletzt, wenn Sie bereit sind, bewusst den Kreis wieder frei: „Hiermit öffne ich diesen Kreis. Die Welt sei willkommen, die Geister sind frei. Ich habe das Ritual beendet."

Zurück zur Realität: Nehmen Sie sich Zeit, um wieder in der „normalen" Welt anzukommen. Möglicherweise fühlen Sie sich etwas erschöpft, ruhen Sie sich aus, spüren Sie der soeben gemachten Erfahrung nach und nehmen Sie eine Kleinigkeit zu sich.

Mit diesem groben Ablaufplan können Sie jedes Ritual gestalten und setzen einen sicheren, verlässlichen und kraftvollen Rahmen für jede Art von magischer Arbeit. Was am Anfang vielleicht noch kompliziert wirkt und einiges an Vorbereitung benötigt, das wird Ihnen schnell in Fleisch und Blut übergehen, und auch die einzelnen Schritte – wie etwa das Herbeirufen der Elementarwesen – werden Ihnen immer rascher und müheloser gelingen.

Wohlgemerkt: Diese Anleitung dient freifliegenden Hexen oder auch Hexen, die zwar in Coven organisiert sind, daneben jedoch auch allein Rituale abhalten. Gerade, wenn Sie sich dem Wicca annähern und Ihre ersten magischen Erfahrungen sammeln, finden Sie mit diesem Ritualaufbau gute Begleitung und können sich und Ihre Fähigkeiten Schritt für Schritt erweitern. Rituale, die in Gruppen abgehalten werden, folgen zwar meist demselben groben Ablauf, aber je nach Strömung und Coven können natürlich ganz eigene Aspekte wichtig werden. Auch ändert sich die magische Arbeit natürlich, wenn Sie für eine ganze Gruppe abgehalten wird – dann leitet die Hohepriesterin, evtl. mit Unterstützung, das Ritual und Sie werden zunächst nur Teilnehmer sein, der sich an der Gruppe orientiert.

Die großen Wicca-Rituale

Neben unzähligen spezifischen und zielgerichteten Ritualen, die Sie ganz nach Ihren Bedürfnissen auswählen und abhalten und die dementsprechend auch individuell in der Gestaltung sind, gibt es einige zentrale Rituale, die bei jedem Wicca eine Rolle spielen, ob er nun alleine praktiziert oder in einem Coven. Damit auch Sie diese Rituale für sich abhalten können oder aber wissen, was auf Sie zukommt, werden Sie die wichtigsten im Folgenden genauer kennenlernen.

DAS GEHEIME INITIATIONSRITUAL

Möglicherweise das bedeutungsvollste Ritual im magischen Leben eines jeden Wicca, mit Sicherheit jedoch einzigartig: Es macht den Novizen, den Anwärter, zu einem festen, gleichberechtigten Mitglied eines Covens und nimmt ihn feierlich in seine Mitte auf. Und ist es nun geheim oder können Sie von mir darüber erfahren? Tja, das tatsächliche Ritual mit seinem genauen Wortlaut ist tatsächlich geheim – es wird Ihnen kein wirklicher Wicca einfach davon berichten. Allerdings folgen die meisten Coven in ihren Initiationsritualen grundlegenden Traditionen und diese sind auch öffentlich bekannt. Im Großen und Ganzen läuft es so ab:

Der zu Initiierende reinigt sich körperlich und geistig und legt frische Kleider an. Das Hohepriesterpaar bereitet Altar und Utensilien vor, um die es einen Schutzkreis zieht. Erst auf Aufforderung darf der Novize den Kreis betreten, meist in Begleitung eines weiteren Coven-Mitglieds, das ihm als eine Art Pate zugeteilt wurde. Dieser Pate übernimmt in der Folgezeit Verantwortung für den Neuling, indem er ihn auf seinem Weg zum Wiccatum begleitet, anleitet und auch unterrichtet. Im heiligen Kreis dann wird die eigentliche Initiation vorgenommen: Die Hohepriesterin weiht den Novizen in ein heiliges Geheimnis ein, sie fragt nach dem magischen Namen, den er zukünftig tragen möchte, und anschließend werden Gott und Göttin angerufen. Hier spielen auch liturgische Texte eine Rolle, so wird manchmal das sogenannte Hexencredo, ein Gedicht, dessen tatsächlicher Ursprung bis heute unklar ist, vorgelesen oder aber die – ebenfalls geheime – Offenbarung der großen Göttin.

Dann stellt der Hohepriester dem Novizen eine Aufgabe, meist in der Form, dass er eine Athame an den Kopf gehalten bekommt und man ihn fragt, ob er Angst habe. Dies wird vom Novizen verneint, mit der Begründung, dass er zwei Geheimnisse von der aufrichtigen Liebe und wahrem Vertrauen kenne. Anschließend kommt der Hohepriesterin die Aufgabe zu, den Novizen den Elementarwesen vorzustellen, wodurch er gleichzeitig die Fähigkeit erwirbt, mit deren Hilfe schließlich Schutzkreise zu erstellen. Danach malt man ihm ein magisches Zeichen auf die Stirn, meist das Symbol der drei Monde der Göttin oder aber das allgegenwärtige Pentakel. Oft wird schließlich vom Novizen verlangt, den Schutz seines Covens und die Absicht, mit seiner Magie niemandem jemals zu schaden, zu schwören. Am Ende erhält der Novize seine rituellen Gegenstände, etwa Athame, Stab oder Schutzamulette, und der Kreis wird geöffnet. Im Anschluss feiert der Coven die Initiation, in dem ritualisiert Wein getrunken und Kuchen verspeist wird.

HERABZIEHEN DES MONDES

Das Esbat-Ritual mit dem wunderschönen Namen „Drawing Down the Moon" ist ebenfalls universell im Wicca vertreten, obgleich sich auch hier die genaue Ausgestaltung von Coven zu Coven unterscheidet. Sie können das Ritual auch alleine durchführen, allerdings sei gesagt: Das richtige Herabziehen des Mondes verlangt von der Hohepriesterin – oder eben Ihnen – das Erreichen einer Trance, was weder ganz einfach noch in jedem Falle völlig unbedenklich ist. Es handelt sich um eine gewollte Form der rituellen Trance, wie sie auch in anderen Religionen, wie etwa dem Sufismus, genutzt wird, deren Zustände tatsächlich denen mancher psychischer Störungen sehr ähnlich sind – mit dem großen Unterschied, dass sie willentlich und gezielt herbeigeführt werden und den Erlebenden nicht beängstigen oder stören, sondern ihm ganz besondere Erfahrungen und spirituelle Erkenntnisse ermöglichen.

Wie Sie sich vorstellen können, wird Ihnen das erstens nicht einfach auf Knopfdruck gelingen und es sollte zweitens auch wohlüberlegt sein: Wer etwa mit psychischen oder psychiatrischen Problemen zu tun hat, dem sei von solchen Versuchen dringend abgeraten, und auch andere Ungeübte können von solchen Erfahrungen verstört werden. Wird in einem Coven ein solches Ritual abgehalten, läuft es folgendermaßen ab:

Zunächst werden die üblichen Schritte, wie die Reinigung des Ritualplatzes sowie aller Ritualteilnehmer, durchgeführt, anschließend folgt das Ziehen eines Schutzkreises, Elemente und Wächter werden rufen. Dann wird die Mondgöttin angerufen und die Hohepriesterin versetzt sich – manchmal mithilfe ihres Hohepriesters – in Trance, wodurch sie selbst für diesen Moment zur Göttin wird bzw. die Göttin direkt durch sich zu ihren Coven-Mitgliedern sprechen lässt. Je nachdem, wie magisch erfahren und fähig sie ist, kann sie die Energie der Mondgöttin direkt an die anderen Teilnehmer weiterleiten; wird das Ritual alleine durchgeführt, verbleibt der Ritualausführende alleine mit sich, der Energie und seiner Göttin. Um die Kraft der Göttin in sich fahren zu lassen, nimmt die Hohepriesterin meist eine bestimmte Körperhaltung ein, die die Pentakelform nachahmt: Also Beine etwas gespreizt, Arme ausgestreckt und ein wenig über Schulterhöhe, sodass sich aus Armen, Beinen und dem Kopf ein regelmäßiger fünfzackiger Stern ergibt. In manchen Wicca-Traditionen steht die Hohepriesterin zu Beginn auch noch mit geschlossenen Füßen und erst, wenn die Göttin sie angesprochen hat, positioniert sie die Füße etwa schulterbreit und nimmt die Pentakelstellung ein. Die anschließende Ableitung der Restenergie ist hier vielleicht so nötig wie nie, da durch die gewollte „Besessenheit" immense Kräfte entstanden sind, ebenso wie das Ausruhen und das Stärken im Anschluss an das Ritual – was wie üblich mit Entlassen der Schutzgeister sowie Aufheben des Kreises beendet wurde.

DER GROßE RITUS

Das sagenumwobene Ritual des großen Ritus befeuert bis heute die Fantasie vor allem von Nicht-Wiccas und das vielleicht auch nicht ganz grundlos: Es handelt sich schließlich um das Ritual, das die Vereinigung – auch und gerade die sexuelle Vereinigung – von Gott und Göttin feiert, die heilige Hochzeit oder auch Hexenhochzeit genannt, und zwar an Beltane bzw. in der Walpurgisnacht. Im Vordergrund stehen Sexualität, Leidenschaft, Fruchtbarkeit und all das Leben, das daraus in der Welt entsteht. Der große Ritus ist das Ritual dazu und hier wird die geschlechtliche Vereinigung nachvollzogen. Auch dieses Ritual kommt nicht ohne die üblichen „Zutaten", wie einen Kreis ziehen und Reinigung aus, im Zentrum steht dann jedoch der sexuelle Akt zwischen Göttin und Gott. Die meisten Coven vollziehen diesen in ritualisierter, symbolisierter Form, wobei die Athame als phallisches Symbol den männlichen Part übernimmt und ein Kelch als Entsprechung der weiblichen Geschlechtsorgane dient. Der Hohepriester führt die Athame und taucht sie in einem feierlichen Ritual in den Kelch, den die Göttin hält, allerdings gibt es auch Wicca-Zirkel, die tatsächlich an der rituellen sexuellen Vereinigung von Hohepriesterin und Hohepriester festhalten. Das ist sicher die Ausnahme und wenn es praktiziert wird, verlassen währenddessen die übrigen Coven-Mitglieder den Raum und kehren erst danach zurück, um gemeinsam das Ritual zu vollenden. Es gilt als eines der mächtigsten Rituale und setzt starke Energien für alle Teilnehmenden frei – kein Wunder, wenn man bedenkt, welch urtümlich-machtvolle Kraft die Sexualität ist, die schließlich nichts weniger kann, als Leben zu erschaffen. Wichtig ist: Im Wicca stehen auch in sexueller Hinsicht das Weibliche und das Männliche absolut gleichberechtigt nebeneinander und so ist auch das Ritual um den großen Ritus keine sexuelle Unterwerfungsfantasie, ganz im Gegenteil.

ERDEN UND ZENTRIEREN – KLEINE RITUALE MIT GROẞER WIRKUNG

Im Gegensatz etwa zum großen Ritus sind das sogenannte Erden und Zentrieren jeweils eine Art Mini-Alltagsritual, das auch oft vor dem eigentlichen Ritual zum Einsatz kommt und zwar unauffällig erscheint, aber einer der wichtigsten Aspekte der Wicca-Praxis ist. Erden und Zentrieren können Sie sich einfach immer wieder zwischendurch, wenn Sie gestresst sind oder das innere Gleichgewicht verloren haben, wenn Sie besonderen Fokus brauchen oder um sich vor einem größeren Ritual in die passende körperlich-geistige Verfassung zu bringen. Tatsächlich sind es nicht wirklich Rituale im strengen Wortsinn, sondern eher magische Techniken, die unverzichtbar sind, um sein Innenleben so gut zu kontrollieren, dass das Ausüben von Magie überhaupt möglich ist. Und worum geht's dabei konkret?

Beim Erden wird eine intensive und direkte Verbindung mit der Erde, mit Mutter Erde hergestellt, um einerseits Verwurzelung und Stabilität, andererseits gesunden energetischen Austausch zu ermöglichen. Angesprochen wurde diese Technik bereits als die Möglichkeit, nach Beendigung des energieintensiven Kernteils eines Rituals überschüssige Restenergie abzugeben, aber auch außerhalb dieses Kontextes ist es eine wertvolle Möglichkeit. Und so geht's: Idealerweise sind Sie barfuß und kommen in direkten Kontakt mit dem Erdboden, also einer Wiese, im Wald etc. Sie können zunächst einfach eine Weile barfuß laufen und bewusst den Untergrund spüren, auf diese Art kommen Sie bereits ganz ohne Mühe in guten Kontakt. Bleiben Sie irgendwann stehen und setzen Sie beide Fußsohlen fest auf dem Boden auf, in lockerer, jedoch aufrechter, bewusster und „würdevoller" Haltung. Die Füße sollten etwa schulterbreit geöffnet sein, die meisten Hexen schließen die Augen und dann geht es um Visualisierung: Stellen Sie vor Ihrem inneren Auge eine Verbindung zwischen sich und dem Erdboden her und fühlen Sie, wie die Grenze zwischen Körper und Mutter Erde durchlässig wird und Energien fließen können. Sie können das Bild der Wurzeln, die Sie schlagen, nutzen, müssen aber nicht. Um in den bewussten Zustand zu kommen, diese Energien spüren zu können, helfen auch Achtsamkeitstechniken, wie etwa die Atemübung (siehe Kapitel „Wir alle tragen Magie in uns"), und wenn Ihnen die Erdung schließlich gelingt, können Sie sowohl Energien, die Sie gerade belasten, ganz einfach an die Erde abgeben als auch Kraft aus der Erde ziehen, wenn Sie diese benötigen. Mit dieser Technik verschaffen Hexen sich Ruhe, Entspannung, Ausgeglichenheit oder Fokus und können Anspannung, Nervosität, geistige Aufruhr oder unklare Gefühlszustände beheben.

Beim Zentrieren handelt es sich ebenfalls um eine Methode, im Inneren „aufzuräumen", allerdings mit leicht anderer Grundidee: Es geht nicht darum, mit der Außenwelt Energie auszutauschen, sondern ganz und gar um das, was in Ihnen ist und um die Nutzung Ihrer Ressourcen und Kräfte. Dank Zentrierung können Sie Ihre Möglichkeiten voll ausschöpfen und aus einer starken Basis heraus wichtige und große Aufgaben erledigen – also eine unverzichtbare Voraussetzung, um in Ritualen mit Energie zu hantieren. Beim Zentrieren fokussieren Sie sich auf ein vorgestelltes Energiezentrum in sich, das sich in unterschiedlichen spirituellen Richtungen entweder ein Stück unter dem Bauchnabel, im Herzen oder auch über der Nasenwurzel befindet. Wo Sie es verorten, werden Sie erst mit ein wenig Übung und beim Hineinfühlen in sich feststellen, dann können Sie es als eine Art strahlenden Kraftpunkt in Ihrem Körper visualisieren. Auch hier nutzen Sie am besten Techniken der Achtsamkeit oder – wenn Sie damit vertraut sind – Meditationen, etwa aus dem Bereich der Chakrenlehre oder des Yoga.

Magie & Zauber: So kann Wicca Ihnen dienen

Und wie können Sie Ihr Wissen jetzt ganz gezielt für sich einsetzen? Da stehen Ihnen nun viele Möglichkeiten offen, je nachdem, worum es Ihnen geht und welche Wege Sie bevorzugen. Also werfen wir gemeinsam einen Blick auf die Frage, wie Sie sich Wicca-Künste konkret im Alltag zunutze machen können. Konkrete und Schritt für Schritt umsetzbare Ritualanleitungen zu einzelnen Themenfeldern finden Sie anschließend im Bonusteil.

LIEBE, PARTNERSCHAFT & SEXUALITÄT

Der Liebeszauber ist wohl einer der begehrtesten, soll er einem doch das bringen, was das Herz am sehnlichsten erwünscht: Die große Liebe, zurück oder erst einmal herbei. Aber geht das überhaupt und ist das erlaubt? Immerhin manipuliert man damit einen anderen Menschen, oder? Nein, keine Sorge, es gibt auch moralisch vertretbare Liebeszauber, und zwar der unterschiedlichsten Art, zum Beispiel, um

- eine bestehende Liebe zu stärken und gegen negative Einflüsse zu schützen,
- in einer längeren Beziehung oder Ehe Energien neu zu entfachen,
- einen passenden Partner zu finden,
- Liebeskummer zu überwinden,
- eine ehemalige Liebe zurückzugewinnen,
- die große Liebe für sich zu gewinnen,
- Lust, Leidenschaft und Sexualität zu befeuern.

Wenn Sie sich daran zurückerinnern, was Magie ist und was sie nicht ist, so wird Ihnen schnell klar, dass es sich nicht um eine Art von magischem Zwang handelt, der den Geliebten seines Willens beraubt und Ihnen zuführt. Stattdessen setzt Liebeszauber in erster Linie bei Ihnen selbst an, um

- sich selbst zu stärken für eine Bindung,
- bestehende Blockaden aufgrund von beispielsweise negativen Erfahrungen zu lösen, um überhaupt die Bereitschaft und Fähigkeit zu wahrer Liebe zu wecken,
- sich Klarheit zu verschaffen über die eigenen tatsächlichen Wünsche, Sehnsüchte und Grenzen,
- Ihre eigene Libido zu wecken und zu aktivieren,
- sich selbst durch Klarheit, Selbstsicherheit, Bewusstsein und Kraft attraktiv und begehrenswert zu machen,
- Mut zu finden, die richtigen und nötigen Schritte zu tun,
- belastende Trennungen zu verarbeiten.

Zum anderen richtet er sich auch auf die Person Ihrer Begierde, um sie

- empfänglich zu machen für die Liebe,
- zu stärken, sodass sie wahre Liebe zulassen und erkennen kann,
- aufmerksam zu machen auf Ihre Zuneigung,
- bereitzumachen, in die bestehende Partnerschaft zu investieren.

Damit Liebeszauber ihre Wirkung entfalten können, gibt es Voraussetzungen und Hilfsmittel. Die oberste Voraussetzung ist, dass Sie selbst offen, empfänglich und im Geiste frei sind, um das zuzulassen, was es für die Liebe wirklich braucht, und das ist oft etwas ganz anderes, als wir zunächst denken. Ein Beispiel: Sie sind unglücklich, weil Ihr Partner sich weniger mit Ihnen beschäftigt, sich lieber zurückzieht, die Konversation reduziert und sich mit anderen Dingen beschäftigt. Ihr Vorwurf oder Verdacht ist, dass er Sie nicht mehr so interessant findet oder einfach abgelenkt und passiv ist. In Wahrheit ist es vielleicht anders: Sie selbst tragen Probleme mit sich herum, von denen Sie gar nicht wissen, dass Sie sie ausstrahlen – Ihr Partner jedoch spürt das sehr wohl und geht instinktiv auf Distanz, entweder, weil er Sie nicht versteht und überfordert ist, oder weil er Ihnen Zeit und Raum lassen möchte, mit sich ins Reine zu kommen. Ein anderes – oft nicht gerne gehörtes – Beispiel: Der Partner, den Sie so hartnäckig (zurück) zu gewinnen versuchen, taugt überhaupt nicht für Sie, aber das haben Sie noch nicht begriffen. Deswegen versuchen Sie es immer wieder und es klappt nie – diese Erkenntnis können Sie im Zauberritual erlangen, aber Sie müssen bereit dafür sein. Halten Sie Ihre Rituale immer in dem klaren Bewusstsein ab, dass Sie nichts erzwingen können: Was nicht sein soll, wird Ihnen die Kraft des Universums auch nicht geben.

Und bei dem, was sein soll und darf, was hilft da? Der Utensilienschrank einer Hexe hat hier allerhand im Angebot: Kerzen in den Farben Rot und Rosa, Rosenquarz, Kräuter wie Frauenmantel, Wacholder, Damiana, Jasmin, Patchouli, Moschus, Mädesüß, Orangenblüten und natürlich die Rose – und falls eine ungewollte und leider nicht enden wollende Leidenschaft doch endlich ins Reich der Vergangenheit geschickt werden soll, hilft die Gartenraune weiter. Zudem hilft es Ihrem Liebesritual, wenn Sie es bei zunehmendem Mond durchführen.

FREUNDSCHAFT

Meist nicht ganz so emotional aufgeladen wie die erotische Liebe, aber eigentlich genauso wichtig: Freundschaften, die stabilen, verlässlichen Bande, die uns durch unser Leben begleiten und in allen Situationen an unsere Seite stehen. Auch hier können Sie mit Magie unterstützend wirken, um

- bestehende Freundschaften zu kräftigen,
- herauszufinden, ob Freundschaften, die Sie pflegen, diese Bezeichnung wirklich verdient haben,
- neue Freunde zu finden.

Dabei helfen Kerzen in der Freundschaftsfarbe Gelb, Tigerauge, Lapislazuli, Efeu, Ginkgo, Immergrün, Verbene oder Kirsche, wenn Sie neue Freunde suchen, setzen Sie auf Melisse. Rituale finden am besten bei zunehmendem Mond oder direkt an Vollmond statt.

FAMILIENANGELEGENHEITEN

Die Familie ist ein ganz besonderer Fall: Wichtigste, früheste, meist lebenslange und einzigartige soziale Verknüpfung – allerdings mit Menschen, die man sich nicht aussuchen kann. Auch hier kann Magie helfen, allerdings vornehmlich in konkreten Zusammenhängen, wie

- eine Verbindung mit einzelnen Personen zu stärken,
- Schutzzauber, um einzelne Familienmitglieder oder das Familienheim zu schützen,
- einzelne Familienmitglieder in bestimmten Situationen zu unterstützen (z. B. schwierige Phase, Liebeskummer, mangelndes Selbstwertgefühl, generelle Stärkung in Krisenzeiten, Orientierung bei Entscheidungen),
- Klarheit über die eigene Rolle bzw. Grenzen, Wünsche und Bedürfnisse zu erlangen.

Wie Sie sehen, sind die Einsatzgebiete hier sehr vielfältig – es gibt nicht den einen Zauber, um mit Familienangelegenheiten aufzuräumen, dazu sind sie schlicht zu komplex, gleichzeitig gibt es unendlich viele wichtige Punkte im Familienleben, an denen angesetzt werden kann und oft auch soll. Entsprechend richten sich auch die Rituale auf ganz unterschiedliche Aspekte und verwenden unterschiedliche Hilfsmittel. Wenn es um persönliche Verbindungen geht, wirken oft ähnliche Zauber wie auch bei Freundschaft oder Liebe (im generellen Sinn), in anderen Fällen greifen Sie eher auf Schutzzauber zurück oder nutzen Rituale, bei denen Sie Klarheit über sich selbst erlangen. Genaue Anleitungen für einzelne Rituale finden Sie im Zusatzteil.

KONFLIKTE

Sie gehören leider zum Leben dazu und können uns in allen Situationen begegnen: Ob mit dem Partner, den Kindern, Eltern, Verwandten, Nachbarn, Arbeitskollegen, den Freunden oder Teamkollegen – Konflikte brechen immer wieder auf und können die Lebensfreude ganz erheblich trüben. Einfach wegzaubern können wir sie zwar nicht, trotzdem birgt gerade in diesem Bereich die Magie erhebliches Potenzial. Denn hinter jedem Konflikt stecken Ursachen und Beweggründe, von denen viele mit Ritualen hervorragend angegangen werden können, wie etwa:

- Klarheit schaffen, um Missverständnisse offenzulegen,
- eigene Verletzungen erkennen und überwinden,
- Verletzungen in anderen entdecken,
- eigene Bedürfnisse klären und durchsetzen,
- Zuneigung bzw. Verbindung stärken, um den Weg zur Konfliktlösung zu ebnen,
- Klarheit, Weisheit und ganzheitliche Sicht erbitten, um Grundlagen von Konflikten zu erkennen,
- Kraft schöpfen, um Konflikte zu lösen, oder Gelassenheit, um sie zu ertragen.

Auch hier gilt wieder: Die genaue Vorgehensweise bzw. die verwendeten Utensilien richten sich nach dem konkreten Zweck der magischen Intervention. Basilikum etwa hilft bei der Klärung, wenn Sie sich in erster Linie schützen müssen, hilft Brennnessel, Salbei vertreibt generell negative Energien und wenn Sie vor allem Beruhigung und Trost benötigen, greifen Sie zu Fenchel. Schneeflockenobsidian ist ein guter Verbündeter, wenn Sie mit eigenen Traumata aufräumen müssen

ERFOLG

Den wünschen wir uns alle – auch, wenn wir oft gar nicht so genau wissen, worin er eigentlich besteht. Die nächste Beförderung oder die übernächste? Ein toller Partner? Geld? Karriereleiter? Fest steht: Erfolg – wie auch immer wir ihn definieren – hängt in erster Linie von einem Faktor ab, und das sind wir selbst. Folglich sind auch fast immer wir selbst diejenigen, die uns vom Erfolg abhalten, und da kann Wicca-Zauber rettend eingreifen. Denkbar sind folgende Interventionen:

- Aufdecken problematischer Überzeugungen / Gedankenmuster („Ich bin nicht gut genug“, „Ich habe es nicht verdient“ etc.)
- Stärkung des Selbstbewusstseins
- Stärkung von Durchsetzungskraft, Ausstrahlung, Überzeugungsfähigkeit
- Klarheit bezüglich tatsächlicher Ziele erlangen
- Aufdecken von Hindernissen (Konkurrenz, mangelhafte Kenntnisse, falsche Herangehensweise)

Je nachdem, was Ihrem Erfolg bisher im Weg stand, helfen Ihnen unterschiedliche Rituale und Utensilien: Benötigen Sie Entscheidungsfreude und Anpack-Lust, sind Tigerauge, Chalcedon oder roter Jaspis nützlich, fehlt es an Glück, greifen Sie zur High John-Wurzel oder Kamille, Kalmus gilt als wahrer Erfolgsmagnet, Lorbeer liefert ebenfalls Erfolg und schenkt zugleich den nötigen Durchblick und wenn Sie einfach eine ordentliche Portion Optimismus brauchen, nutzen Sie Lemongras.

REICHTUM

Oh, das liebe Geld! Wer hätte nicht gerne einfach mühelos viel davon und wer träumt nicht heimlich vom sorglosen Reichtum? Der Wunsch danach fachte über Jahrtausende hinweg magische Bemühungen an – denken Sie etwa an das höchste Ziel der Alchemisten, Gold herzustellen – und gleichzeitig wissen die meisten Menschen tief in ihrem Inneren, dass ein Zauberspruch allein ihn nicht einfach herbeiführen wird. Das ist auch so, allerdings bedeutet das nicht, dass Magie hierbei völlig nutzlos wäre. Denn ähnlich wie bei der Erfolgsfrage geht es letztlich auch beim Reichtum um die „Hintergründe", und da liegt einiges in Ihren Händen. Das große Erbe oder den üppigen Lottogewinn zaubern Sie ganz sicher nicht herbei, so manches andere vielleicht schon:

- Rituale, die Klarheit darüber schaffen, auf welche Art Sie persönlich wirklich zu Reichtum kommen können
- Rituale, mit denen Sie sich Sicherheit über geplante Projekte verschaffen können
- Eigenschaften und Fähigkeiten stärken, die Ihnen auf dem Weg zu Reichtum nützlich sind (Disziplin, Durchhaltevermögen, Durchsetzungskraft, Stressresilienz etc.)

In Ritualen können Sie auf weiße Kerzen, Zimt, Münzen, Goldobjekte oder Gewürznelke setzen. Wichtig hierbei: Lassen Sie sich nicht von vermeintlicher Magie zu Unvernunft verleiten. Sie können mit entsprechender Erfahrung etwa Pendel oder Tarot einsetzen, um Entscheidungen abzuklären, aber das letzte Wort sollte stets Ihr Verstand haben. Wenn Sie ein ums andere Mal Lotto spielen und versuchen, die richtigen Zahlen auszupendeln, sind Sie auf einem falschen Weg, der Ihnen ganz gewiss kein Glück verschaffen wird. Auch eine gar nicht so unwahrscheinliche Möglichkeit: Je mehr Sie sich mit der Bemühung um Reichtum beschäftigen, desto mehr merken Sie, dass er Ihnen eigentlich gar nicht so wichtig ist, und können sich getrost den Dingen zuwenden, auf die es Ihnen wirklich ankommt.

GESUNDHEIT

Ein ebenso wichtiges wie ernstes Thema und deshalb eines vorab: Lassen Sie sich weder von diesem Buch noch von irgendeinem anderen Ratgeber dazu verleiten, Ihre Gesundheit, diagnostische Abklärung oder Behandlungen einfach in die Hände der Magie zu legen. Ein Ritual ersetzt Ihnen nicht das Röntgenbild oder das Antibiotikum, also hören Sie auf Ihren Verstand, wenn es darum geht, zu entscheiden, wofür Sie Magie einsetzen wollen. Dann jedoch gibt es auch eine Reihe von Möglichkeiten, verantwortungsvoll für Ihre Gesundheit Magie zu betreiben:

- Blockaden lösen und energetisches Gleichgewicht herstellen, um entsprechend den Lehren zahlreicher traditioneller Medizinrichtungen (TCM, Ayurveda etc.) dadurch die eigentlichen Ursachen von Krankheiten zu beseitigen
- Rituale zur Stärkung und emotionalen Stabilisierung, um Heilungsprozesse zu fördern
- Klarheit erlangen, um Beschwerden tatsächlich auf den Grund zu gehen

Zur Unterstützung werden hier oft Edelsteine verwendet, die ganz unterschiedliche Einsatzbereiche haben, die häufigsten sind: Achat für Magen-Darm- oder Hautprobleme, Bergkristalle für ein gesundes Gefäßsystem, Amethyst gegen Schwierigkeiten in der Konzentration oder bei nervösen Problemen, Rubin für Herz-Kreislauf-Schwierigkeiten oder Citrin, wenn entgiftet werden soll. Auch im Bereich der Kräuter gibt es Hilfe: Erdrauchkraut und Mädesüß etwa gelten generell als mächtige Heilpflanzen, Fichtennadeln, Salbei und Thymian sollen reinigen bzw. desinfizieren, Ginkgo wird gegen nervöse Zustände und Schlafprobleme eingesetzt, ebenso wie Lavendel.

Im Anschluss an diese Ritualempfehlungen sei eines noch dringend angemerkt, nicht nur in Bezug auf die Gesundheitszauber: Alle Kräuter und Heilpflanzen oder Räucherwaren, die hier genannt werden, sind – zumindest auf Grundlage dieses Buches – ausdrücklich für die Ritualanwendung gedacht! Sie können die Pflanzen nutzen, indem Sie sie etwa auf Ihren Altar legen, mit Sprüchen segnen, manche davon verräuchern, aber Sie sollten sie keinesfalls innerlich anwenden – also verzehren, einen Sud trinken oder Ähnliches – und auch nicht äußerlich – Auflegen, Einreiben, als Salbe verwenden. Der Grund: Einige dieser Pflanzen sind – zumindest in Bestandteilen – giftig, andere haben Wechselwirkungen mit Medikamenten und sollten selbst im Ritual nur mit äußerster Vorsicht eingesetzt werden. Das gilt insbesondere für Schöllkraut, Johanniskraut, Weinraute, Tonkabohnen und Rainfarn. Zwar gibt es in der traditionellen Heilkunde oder auch in alten Zaubertränken durchaus auch die Möglichkeit zur direkten Anwendung, dies ist aber ein eigenes Fachgebiet, an das man sich ohne wirklich exzellentes Wissen keinesfalls heranwagen sollte und das von diesem Buch nicht abgedeckt werden kann. Hinzu kommen oftmals auch persönliche Unverträglichkeiten oder Überempfindlichkeiten – gerade auch gegenüber Verräuchertem –, sodass hier gilt: Informieren Sie sich gut und gründlich, bevor Sie Heilpflanzen und Kräuter verwenden, und achten Sie insbesondere auf Ihre ganz persönlichen Voraussetzungen. Greifen Sie im Zweifelsfall zu als harmlos bekannten Varianten, die Sie etwa aus der Küche kennen, wie Rosmarin, Lemongras, Fenchel, Salbei etc.

Bonus

21 WICCA-RITUALE

Mittlerweile sind Sie längst zum Experten geworden, was den Aufbau, die Voraussetzungen und schließlich die tatsächliche Durchführung von Ritualen angeht – der Praxis steht nun nichts mehr im Weg. Vielleicht haben Sie sich bereits an den ersten Ritualen versucht, vielleicht auch selbst kleine Einheiten erstellt. Im Folgenden finden Sie nun eine Sammlung an praktischen, kompakt-konkreten „Rezepten" für gezielte Rituale. Die Grundregeln und Grundlagen sind dabei stets dieselben und werden nicht mehr besonders erläutert – wenn Sie sich bei Punkten wie dem Ziehen des Kreises oder dem Altaraufbau nicht mehr sicher sind, schlagen Sie die Informationen einfach noch einmal in den entsprechenden Kapiteln nach. Halten Sie sich immer – es sei denn, es wird explizit etwas anderes gesagt – an die Grundschritte

- Reinigung,
- Kreisziehen,
- Ritualausübung,
- Abgeben von Energie,
- Danksagung und
- Kreisöffnung,

auch wenn in den folgenden Kurzanleitungen jeweils nur der eigentliche Ritualteil beschrieben wird – denn der Rest ist universell und Ihnen schon bekannt. Und nun Magie frei!

Ein Weg, auf dem es kein Zurück gibt

Sie sind nun gewappnet für Ihre Reise durch ein Leben als Wicca – und tatsächlich: Ein Zurück im eigentlichen Wortsinn gibt es nicht. Denn der Pfad ist ein Pfad der ständigen Erkenntnis, des Lernens über sich selbst, des Entdeckens von neuen Seiten des Daseins, des Erlebens und des Verstehens und all das werden Sie nie wieder verlieren. Ob Sie auf ewig praktizierende Hexe bleiben oder ob Sie sich irgendwann wieder davon abwenden, alles, was Sie auf Ihrem Weg erleben, wird auf immer und ewig ein Teil von dem sein, was Sie sind. Also gehen Sie diesen Weg mit Achtsamkeit, Demut, Neugier und vor allem grenzenloser Freude und genießen Sie, was Sie über sich selbst und die Welt erfahren. Lassen Sie sich führen, treiben, begleiten und übernehmen Sie Führung, suchen Sie sich Gleichgesinnte, entdecken Sie Gemeinschaft und gleichzeitig die unendliche Weite, die sich in Ihnen selbst auftut. Denken Sie immer daran: Tu, was du willst, solange es nicht schadet, und alles, was du tust, kommt dreifach auf dich zurück – mit diesem Leitspruch gelingt Ihr Wicca-Leben von der ersten Sekunde an.